CAROLIN HABEKOST

DIE KOPF-FREI-METHODE

MEHR SCHAFFEN, WENIGER TUN

CAROLIN HABEKOST

DIE *Kopf frei* METHODE

MEHR SCHAFFEN, WENIGER TUN

Den FAMILIEN-ALLTAG und alle TO-DOs im Griff

KÖSEL

*Danke an meinen Mann und an unsere Kinder.
Ihr seid meine größte Motivation und ohne euch wäre
die Kopf-frei-Methode nicht entstanden.*

INHALT

Listen für mehr Leichtigkeit

WER ICH BIN UND WIE ICH ZU *Mission: Kopf-frei!* KAM

Stell dir vor, du bist am 23. Dezember mit allen Weihnachtsvorbereitungen fertig und deine To-do-Liste ist leer. Du beschließt spontan, mit deinen Kindern zum Indoorspielplatz zu fahren. Einfach, weil du kannst und ihr gemeinsam eine schöne Zeit haben wollt, bevor Weihnachten ist. Genial, oder? Und das ist nur eine der Freiheiten, die dir die Kopf-frei-Methode bietet.

Stell dir vor, du reduzierst auch im Alltag deine Aufgabenflut und erledigst die verbleibenden To-dos schneller und fokussierter. Du tust die richtigen Dinge im richtigen Moment – und findest mehr Zeit für dich, deine Kinder, deine Partnerschaft und alles, was dir wichtig ist. Weil du deine To-dos meisterst, anstatt von ihnen beherrscht zu werden.

Stell dir vor, du hast alle beruflichen Deadlines im Griff und kannst dir sicher sein, dass dir nichts durchrutscht. Das bedeutet nicht nur, dass du alle deine Projekte und Aufgaben termingerecht und effizient erledigst, sondern auch, dass du ohne den üblichen Stress und Druck arbeitest. Dieser Zustand ermöglicht dir, in einem angenehmen Workflow zu bleiben, in dem sich die Arbeit leichter anfühlt und dir Freude bereitet.

Mit einem effizienten Selbstmanagement kannst du deine berufliche Leistung verbessern und genießt Respekt bei Vorgesetzten und Kolleginnen. Das kann deine Karrierechancen erheblich steigern. Wenn du deine beruflichen Aufgaben kontrolliert angehst, gibt dir auch das wieder mehr Zeit für dein Privatleben. Für Selbstständige und Unternehmerinnen bedeutet es, dass sie nicht selbst und ständig arbeiten, sondern auch Freizeit haben.

Durch Kopf-frei lernst du, alles aus deinem Kopf auf den Zettel (oder auf dein Board, aber dazu später mehr) zu bringen und zu sehen, wie viel du wirklich schaffst. Du lernst, wie du persönlich wichtige Projekte in gut handhabbare To-dos zerlegst, um sie im Alltag umzusetzen.

Das Ergebnis ist eine bessere Balance von Familie und Beruf. Du bist gelassener und zufriedener. Du genießt deine freie Zeit ohne den Schatten unerledigter Aufgaben, was wiederum deine allgemeine Lebensqualität und dein persönliches Glück steigert.

»Durch das Selbstorganisationssystem fällt es mir leicht, alle Aufgaben im Blick zu haben und sie auch zielorientiert zu erledigen. Ich fühle mich jetzt viel leichter und freier, ganz so, wie ich es mir gewünscht und lange nicht für möglich gehalten habe.«

»Die Kopf-frei-Methode hat entscheidend dazu beigetragen, dass der Kindergeburtstag so entspannt war!«

»Nach 14 Monaten Elternzeit hatte ich Angst vor dem Wiedereinstieg in den Job, aber innerhalb von drei Wochen ›Mission: Kopf-frei!‹ habe ich 29 To-dos erledigt. Tausend Dank dafür!«

»Durch die Kopf-frei-Methode habe ich mehr Zeit für meine Familie und mich selbst – das gibt so viel Lebensqualität!«

»In meinem Inneren bin ich eine kreative, freiheitsliebende und spontane Chaotin. Mit dem System von ›Mission: Kopf-frei!‹ habe ich nun eine Struktur gefunden, mit der ich mich schnell und effizient organisieren kann! Es fühlt sich gut an, spontan im Alltag reagieren zu können und den Durchblick zu behalten.«

Mit der Kopf-frei-Methode bekommst du ein Organisationssystem an die Hand, das dir Überblick und Klarheit verschafft. Du vergisst kein To-do mehr und kannst fokussierter und effektiver arbeiten. Du wirst ruhiger, entspannter und gelassener. Du lernst deine Prioritäten kennen und weißt, wann du was tun möchtest. Du bekommst deine Aufgaben in den Griff, Vereinbarkeit gelingt dir leichter.

Du schaffst mehr, ohne dich gestresst zu fühlen, kannst bewusst Pausen einplanen und findest innere Ruhe. Du siehst, was du alles erledigt hast, und kannst dich dafür wertschätzen. Du kannst abschalten, deinen Stress wirksam reduzieren, bist besser drauf und kannst die Zeit mit deiner Familie wirklich genießen. Du reagierst souveräner und gelassener, wenn etwas Unerwartetes passiert, und kriegst deine Projekte und To-dos gebacken.

SO FAND ICH MEINE BALANCE VON FAMILIE UND BERUF

Schön, dass du da bist! Mein Name ist Carolin, und ich freue mich, dir mit meiner Methode wieder zu mehr Leichtigkeit im Alltag mit Job und Familie zu verhelfen. Vielleicht liest du das, weil das Chaos in deinem Leben gerade überhandnimmt. Vielleicht stehst du an einem Punkt, den ich selbst gut kenne und an dem ich vor ein paar Jahren auch war: Du bist permanent am Tun, hast aber trotzdem das Gefühl, niemals alles zu schaffen? Du setzt dich abends völlig erschöpft auf das Sofa und denkst: »Ich werde nie fertig!« und »Heute wieder kaum was geschafft.« Es klappt alles mehr schlecht als recht – und wenn etwas wie die Rückkehr in den Job oder ein Geschwisterkind dazukommt, wird es eng? So ging es mir auch eine Zeit lang. Der Stress hatte sich einfach nach und nach aufgebaut.

Dabei war ich schon immer gut organisiert. Ich liebte To-do-Listen. Ich konnte mir vieles merken, hatte verschiedene Kalender und eine klare Struktur. Als ich 2012 das erste Mal Mutter wurde, dachte ich: »Jetzt muss ich mich einfach nur noch etwas besser organisieren, dann klappt das schon!«

Womit ich jedoch nicht gerechnet hatte, war, dass mit einem Säugling so gar nichts planbar ist. Erst dachte ich: »Das pendelt sich nach ein paar Wochen ein. Dann haben wir eine feste Tagesstruktur!« Nur änderte sich diese Struktur permanent, weil die Schlafenszeiten wechselten und ein Baby eben nicht Hunger nach Plan hat. Ich tröstete mich damit, dass das bestimmt nur das erste, herausfordernde Babyjahr sei und sich alles bessern würde, sobald mein Kind älter wäre. Ich plante ganz klassisch. Ich hatte meine bewährten Planungstools – meinen Kalender, es gab einen digitalen Familienkalender, und mein Mann hatte seinen Kalender. Farblich markierten wir alles schön.

Wir sprachen uns ab, nutzten die technischen Vorteile und legten im Kalender eigene Termine und Familientermine getrennt voneinander an. Aufgaben führte ich über mehrere Listen. In der Küche gab es eine Liste für Privates: Termin für U-Untersuchung bei der Kinderärztin machen, Arnika-Globuli auffüllen, Wäsche waschen, Betten machen, Blumen gießen, Mahlzeiten planen, Einkaufen, TÜV-Termin für das Auto vereinbaren, Kinderkleidung eine Nummer größer besorgen, Buch über Babyschlaf lesen …

Parallel dazu führte ich eine To-do-Liste für meinen geplanten beruflichen Wiedereinstieg: Termin mit Vorgesetzten vereinbaren, Gespräch vorbereiten, neue Kleidung einkaufen (die alte passt nicht mehr und schwarze Leggings und Schlabberpulli schienen mir nicht so angemessen), Papierkram checken, Arbeitsmaterial überprüfen und aktualisieren, Wochenplan schreiben, Arbeitszeiten festlegen, Kinderbetreuung sicherstellen …

Zwar kam am Ende alles anders und ich kehrte nicht in

meine alte Anstellung zurück, sondern gab nun freiberuflich Offline-Schulungen an der Universität, aber hey: Ich war back im business und jetzt eine berufstätige Mutter.

An sich funktionierte es schon irgendwie. Ich setzte mir beruflich einige Ziele, legte einen Zeitrahmen mit Meilensteinen fest und plante Pufferzeiten ein. Denn ich hatte ja schon verstanden, dass nicht immer alles nach Plan funktioniert. Ich legte meinen Fokus auf Struktur und Organisation. Frei nach dem Motto: Organisation ist das halbe Leben.

Es lief auch. Nicht perfekt, aber schon ganz gut. Ich optimierte das System immer weiter und hatte hohe Anforderungen an mich, noch besser zu »performen«. Im Sinne von: Jetzt schläft unser Kind, also los, arbeite jetzt ein To-do – oder noch besser mehrere – ab.

Zwei Jahre später kam unser zweites Kind zur Welt. Immer noch glaubte ich: Ich muss nur gut genug planen, dann bekommen wir das hin. Zu dieser Zeit kauften wir ein Haus, renovierten es und zogen um. Mein Kopf war voll. Ich schrieb noch mehr To-do-Listen. Wann kommt die Malerin? Türklinken besorgen. Umzugswagen mieten. Vor dem Umzug Kinderkleidung aussortieren. Und vieles mehr.

Ich optimierte, wo ich konnte. Und jeden Abend hatte ich das Gefühl: Es reicht einfach nicht. Ich mache das nicht gut genug. Ich hatte immer noch nicht an alle Aufgaben gedacht, To-dos flutschten einfach durch. Die Absprachen zwischen meinem Mann und mir nahmen kein Ende. Wir sprachen tausend Dinge ab und dennoch wurde es chaotisch. Ich nahm mir vor, To-dos zu erledigen, und schaffte es zeitlich nicht. Entweder brauchte ich für die To-dos länger als gedacht oder es kamen unerwartet noch mehr Aufgaben auf mich zu. Parallel betreute ich unser zweijähriges Kind. Die Schwangerschaft mit dem zweiten Kind kostete mich körperlich viel Kraft. Ich war müde und erschöpft, hatte kaum einen Abend für mich. Ein Teufelskreis.

Wieder hatte ich das Gefühl: Ich muss noch besser werden in der Organisation. Mein Fokus lag nicht auf den erledigten Dingen, sondern ich ärgerte mich über die To-dos, die ich nicht abhaken konnte.

Heute weiß ich: Ich und meine Umsetzung waren nie das Problem! Woran ich scheiterte, war schlicht: Ich hatte versucht, eine *komplexe Sache* klassisch zu planen. Ich hatte so getan, als gäbe es einen linearen Verlauf, eine Art Schritt-für-Schritt-Anleitung für den Alltag, die ich einfach nur durchziehen musste, komme, was wolle. Inzwischen weiß ich: Das kann nicht funktionieren.

Dass klassisches Planen im komplexen Kontext nicht funktioniert – das hatte die Softwareentwicklung schon in den 90er-Jahren verstanden. Gezwungenermaßen: Mit ihren unflexiblen und schwerfälligen Projektmanagementmethoden, die lange im Voraus feste Schritte definierten, lief sie Gefahr, sich nicht schnell genug den sich ständig ändernden Anforderungen und der komplexen Umgebung des Marktes anpassen zu können. So entstand 2001 in den USA das *Agile Manifest*.

Vertreter der agilen Welt und insbesondere Softwareentwicklung formulierten darin die Grundprinzipien agiler Methoden. Später entstanden daraus Arbeitsweisen wie Scrum und Kanban, die noch immer in der Softwareentwicklung sowie inzwischen in vielen anderen Branchen genutzt werden.

Beim agilen Projektmanagement geht es darum, sich von starren Planungsstrukturen zu verabschieden und flexibel reagieren zu können, auch wenn etwas Unerwartetes passiert und die Regeln sich dauernd ändern. Woher ich das weiß? Eigentlich komme ich beruflich aus einer anderen Richtung. Nach meinem

Master in »Speech Communication and Rhetoric« arbeitete ich als Kommunikationstrainerin in der Automobilbranche. 2018 machte ich einen Quereinstieg als Scrum Masterin in der Softwareentwicklung ohne IT-Kenntnisse. Innerhalb kurzer Zeit entwickelte ich mich zum Agile Coach und führte agile Arbeitsweisen in Teams und Unternehmen ein. Später arbeitete ich als agile Beraterin in einer Unternehmensberatung.

Diese Phase in meinem Job war wegen der vielen Reisen auch die komplexeste. An manchen Tagen ging ich morgens um sechs Uhr aus dem Haus, fuhr zum Kunden und kam erst abends um sieben Uhr zurück. Damals waren unsere Kinder im Kindergarten. Die Betreuungszeiten: acht Uhr bis zwölf Uhr, Spätdienst bis dreizehn Uhr. Ja, so ist das auf dem Dorf. Und ich war privat immer noch in meinen klassischen Vorstellungen vom Projektmanagement gefangen. Mein Mann reduzierte seine Arbeitsstunden und wir organisierten uns um. Noch mehr To-do-Listen, noch mehr Kalender, noch mehr Absprachen. Wir versanken in Eltern-Meetings …

Doch eines Tages machte es Klick bei mir. Was, wenn ich nicht nur meine Kundinnen als agiles Team betrachtete? Waren nicht auch mein Mann, unsere Kids und ich ein agiles Team? Der Familienalltag ist komplex. Mit klassischen Methoden würden wir daher nicht weiterkommen. Doch das, was in der Softwareentwicklung funktioniert, funktionierte sicher auch im Familienalltag. Agilität, das wusste ich von unzähligen Beispielen, ist *die* Lösung für alle komplexen Umgebungen! Ich begann das, was ich an agilen Methoden in meinem damaligen Job bei Kundenteams eingeführt hatte, auf unsere Familie zu übertragen. Das war der Grundstein für die Kopf-frei-Methode und meinen späteren Onlinekurs *Mission: Kopf-frei! Wie du mehr erledigst und weniger machst!* Von nun an wurde alles so viel leichter!

MEISTERE DEINE TO-DOS MIT FLEXIBILITÄT UND STRUKTUR

Die Kopf-frei-Methode kannst du dir wie eine Maschine vorstellen, in die oben Aufgaben reinkommen, durch einen Filter laufen und unten als erledigte To-dos herauskommen. Das Geniale daran ist: Mit dieser Methode kriegst du alle deine To-dos in den Griff. Es gibt einen festen und einfachen Workflow, gleichzeitig ist die Methode maximal anpassungsfähig. Das brauchen wir Eltern, falls ein Kind mal krank ist, im Job unerwartet die Hütte brennt oder wir auf irgendeine andere Weise plötzlich gefordert sind und unseren Alltag umstricken müssen. Der feste Workflow gibt dir Sicherheit, während dir die Anpassungsfähigkeit maximale Flexibilität lässt und dir damit neue Freiheit schenkt. Denn ganz ehrlich: Keine von uns hat Lust, nach dem Kalender zu leben und einem kleinschrittigen Stundenplan zu folgen.

Das Grundprinzip der Kopf-frei-Methode ist einfach:

1. Du sammelst alle deine Aufgaben an einem Ort. *Dafür gibt es tolle technische Möglichkeiten – ich zeige dir, welche am besten funktionieren.*
2. Du sortierst sie regelmäßig durch und reflektierst, ob du diese Aufgaben überhaupt erledigen möchtest, jemand anderes das tun kann oder du sie von deiner Liste streichst. *Denn tatsächlich darfst du gut filtern – wir machen oft mehr, als wir müssten und sollten.*
3. Dadurch entsteht eine Liste mit konkret formulierten To-dos. *Dafür bekommst du kluge Tipps, wie du den tatsächlichen Aufwand besser abschätzen kannst und ins Tun kommst.*

4. Diese Liste arbeitest du nach und nach mithilfe eines Workflows ab. *Und zwar so, dass du den Erfolg rasch merkst und dein Kopf spürbar freier wird.*
5. Zum Abschluss klopfst du dir auf die Schulter und freust dich, was du alles geschafft hast. *Diese Konfettimomente wirst du so lieben lernen, dass du dir ein Leben ohne die Methode bald nicht mehr vorstellen kannst.*

INSPIRATION

Immer einen Schritt voraus

Mit der Kopf-frei-Methode kannst du dich ein bisschen fühlen wie Donna Paulsen aus der Serie *Suits*. Sie ist bekannt für ihre Kompetenz und Effizienz, die ultimative Assistentin. Donna ist extrem gut organisiert, anderen immer einen Schritt voraus und meistert jede Herausforderung mit Bravour und Eleganz. Sie zeigt, dass durch effektives Selbstmanagement und klare Priorisierung auch unter Druck eine hohe Leistungsfähigkeit und Professionalität aufrechterhalten werden können. Bei ihr wird nicht nur an jedes einzelne To-do gedacht, sondern auch an alles andere.
Achtung: Wir wollen nur ein bisschen wie Donna sein. Denn Donna hat keine Kinder und ihr Leben dreht sich ausnahmslos um ihren Job. Zudem wird sie natürlich idealisiert dargestellt. Was wir uns von ihr abschauen können, ist, immer den nächsten Schritt mitzudenken. Außerdem können wir uns von ihrer Freude am Organisieren inspirieren lassen.

WARUM AGILES *Selbstmanagement* DIE LÖSUNG IST

Als Elternteil hast du viel zu jonglieren: Koordination von Terminen für die Kinder, wie zum Beispiel Arztbesuche und Freizeitaktivitäten. Der Haushalt muss gemacht werden, das Essen soll pünktlich auf dem Tisch stehen, die Kinder wollen betreut werden .... Der Unterschied zu früher, ohne Kinder: Du organisierst nicht nur dein Leben, sondern auch das von vielen anderen Menschen. Damit wird es komplex. Kommt außerdem der Job dazu, wird es noch komplexer. Es gibt nicht nur die Bedürfnisse der Kinder, sondern auch die Anforderungen des Arbeitgebers oder – falls du selbstständig bist – deiner Kundinnen. Und deine eigenen Bedürfnisse fallen dann schnell mal hinten runter ... Die Lösung lautet: agiles Selbstmanagement statt unflexibler Planung. Ich erkläre dir, wie Agilität funktioniert und wie du davon profitieren kannst – und wie diese Herangehensweise mir und meinem Mann geholfen hat, den Mental Load sichtbar zu machen und zu einer fairen Aufgabenverteilung zu kommen.

FAMILIE IST EIN KOMPLEXES UMFELD

Unser Familienleben ist Komplexität in Reinform – ich brauchte selbst eine Weile, um das zu erkennen, dabei ist es eigentlich offensichtlich. Es ist wie mit dem Wetter: Eine winzige Veränderung kann zu völlig anderen Ergebnissen führen. Wenn du morgens deinem Kind das »falsche« Müsli hinstellst, kann das am Ende dazu führen, dass ihr unpünktlich aus dem Haus kommt. Dein Kind möchte dieses Müsli nicht und wirft es aus Protest um. Jetzt liegt das Müsli inklusive Milch verteilt in der Küche. Nicht nur die Küche muss jetzt sauber gemacht werden, sondern auch dein Kind ist nass geworden. Die Stimmung ist im Keller, was schnell zu weiterem Streit führt .... Das Ergebnis: Du hast einen hektischen Morgen, ihr kommt zu spät in die Kita und du landest gestresst bei der Arbeit. Und das alles wegen Müsli ...

WISSEN

Was ist der Unterschied zwischen KOMPLIZIERT und KOMPLEX?

Kompliziert ist, wenn die Regeln klar sind.
Stell dir eine gut gebaute mechanische Uhr vor. Alle Zahnräder und Mechanismen sind miteinander verbunden, sie folgen festen Regeln und ihr Verhalten ist vorhersehbar. In komplizierten Systemen können wir die Funktionsweise vollständig verstehen. Wenn wir genug Zeit und Wissen investieren, können wir alle Probleme lösen. Betrachten wir das Beispiel der Uhr noch einmal näher: Wir wissen, wie jedes Rädchen funktioniert und wie sie alle zusammenarbeiten. Wenn ein Fehler auftritt, können wir ihn beheben, indem wir das defekte Teil identifizieren und austauschen. Da es feste Regeln gibt oder einen idealen Weg, ist es möglich, anhand einer guten Anleitung genau dies so umzusetzen. Salopp gesagt: Alles, was du über ein gutes YouTube-Tutorial erlernen kannst und einer Schritt-für-Schritt-Anleitung folgt, ist kompliziert, nicht komplex.

Komplex hingegen ist, wenn sich die Regeln ändern.
Stell dir jetzt das Wetter vor. Das Wetter ist ein klassisches Beispiel für ein komplexes System. Es besteht aus unzähligen Variablen: Luftdruck, Temperatur, Feuchtigkeit, Wind und vielen anderen, die miteinander interagieren. Genau hier ist der

Knackpunkt: Diese Interaktionen sind nicht immer vorhersehbar. Kleine Änderungen in einem Bereich können zu erheblichen Veränderungen in einem anderen führen, ein Phänomen, das als Schmetterlingseffekt bekannt ist. Er besagt, dass eine winzige Bewegung wie zum Beispiel das Flügelschlagen eines Schmetterlings langfristig große und schwer vorhersehbare Auswirkungen haben kann. Dies bedeutet, dass wir, selbst wenn wir alle Variablen kennen, das Wetter nicht genau vorhersagen können. Die Vorhersage ist oft mit Unsicherheit verbunden. Wir alle kennen Wetter-Apps, die ihre Prognosen ständig ändern. Eben war noch trockenes Wetter für den ganzen Tag angesagt und jetzt stehst du im Regen auf dem Spielplatz.
Der wesentliche Unterschied zwischen *kompliziert* und *komplex* liegt in der Vorhersagbarkeit. In komplizierten Systemen sind die Regeln klar und vorhersehbar, während in komplexen Systemen, wie dem Wetter, viele unbekannte und nicht lineare Faktoren eine Rolle spielen.

Unser Familienleben ist nicht nur komplex, weil wir nicht wissen, wie unser Kind auf bestimmte Dinge reagiert oder welche Laune es hat. Unser Alltag als Mutter ist auch komplex, weil es so viele Faktoren gibt, die das Familienleben beeinflussen. Dazu gehören alle Beziehungen, wie die zwischen dir und deinem Kind, zwischen dem Vater und dem Kind, zwischen dir und dem Vater. Wenn es mehrere Kinder gibt, gibt es auch Beziehungen zwischen den Kindern. Weitere Faktoren sind die eigenen Werte und Erziehungsstile, eure Finanzsituation, der berufliche Rahmen, dein Zeitmanagement, dein soziales Umfeld, euer Wohnort und die Anbindung an das Verkehrsnetz, deine Gesundheit und dein Wohlbefinden usw. Damit lebst du Tag für Tag ein hochkomplexes Familienleben!

Wir alle träumen manchmal von einem Leben wie in Bullerbü – einem Ort, der für Harmonie, Gemeinschaft und einfache Freuden steht. In Bullerbü scheint alles in perfekter Ordnung zu sein; die Tage sind erfüllt von Gelassenheit, die Aufgaben fließen nahtlos ineinander, und es gibt immer genug Zeit für das, was uns am Herzen liegt. Doch oft fühlt sich unser Alltag eher an wie in Lottas Krachmacherstraße: lebhaft, unvorhersehbar und manchmal chaotisch. Trotz bester Planung erwarten uns täglich unterschiedlichste Herausforderungen, die unseren Rhythmus stören und uns aus der Bahn werfen können.

Gerade deshalb ist agiles Selbstmanagement die Lösung für dein To-do-Chaos, weil:

- du flexibel und anpassungsfähig vorgehst,
- du auf die individuellen Bedürfnisse aller Familienmitglieder eingehen kannst,
- du Anforderungen aus anderen Kontexten (zum Beispiel Beruf) mit einplanen kannst,
- du produktiver und effizienter wirst,
- du deinen Kopf freibekommst, einen Überblick hast und keine To-dos mehr vergessen wirst.

Die Kopf-frei-Methode setzt genau das um. Indem du alle To-dos an einem Ort sammelst, filterst, bei Bedarf zerlegst und sinnvoll priorisierst, verlierst du auch nicht den Überblick, wenn dein Kind gerade sehr viel Aufmerksamkeit braucht, ein großes Projekt in der Arbeit ansteht oder du im Haushalt für einen kranken Partner einspringen musst.

Was ist mit agil bzw. Agilität eigentlich gemeint?

Agilität bedeutet, dass Organisationen oder Personen flexibel und schnell auf Veränderungen reagieren können. Sie sind in der Lage, sich an neue Situationen anzupassen, ohne dabei an Effizienz zu verlieren. Diese Fähigkeit betrifft sowohl ihre Strukturen als auch ihre Arbeitsprozesse.

Agilität ist wie das Steuern eines Segelboots auf einem lebhaften, ständig sich wandelnden Meer. Du bist die Kapitänin dieses Boots, und die Organisation oder ein Team ist eine geschickte Crew. Anstatt einem festen Kurs zu folgen, erlaubt dir Agilität, mit Wendigkeit und Anpassungsfähigkeit auf die sich ständig ändernden Winde und Strömungen zu reagieren – sei es eine unerwartete Welle an Marktanforderungen oder eine plötzliche Flaute in der Technologie.

Agilität endet aber nicht am Arbeitsplatz – sie ist genauso relevant und kraftvoll im Familienleben. Stell dir vor, dein Familienalltag ist ein weiteres Segelboot, das du als Kapitänin steuerst. Auch hier musst du schnell auf unvorhersehbare Herausforderungen wie kranke Kinder, schulische Verpflichtungen oder Bedürfnisse in deiner Partnerschaft oder erweiterten Familie reagieren. Agile Prinzipien wie Flexibilität, offene Kommunikation und Prioritäten setzen helfen dir, durch die stürmischen Gewässer des Alltags zu navigieren.

Als berufstätiger Elternteil Agilität anzuwenden, bedeutet, die Fähigkeit zu besitzen, zwischen verschiedenen Rollen zu wechseln, Prioritäten dynamisch anzupassen und dabei das Wohl deiner Familie und deine eigenen Bedürfnisse im Gleichgewicht zu halten. Es ist die Kunst, das Familienleben so zu steuern, dass sowohl unerwartete Herausforderungen als auch besondere Momente voll ausgekostet werden können.

MEIN TIPP

Eigene Planungsgewohnheiten hinterfragen

Reflektiere deine bisherige Planungsweise und stelle dir die Frage: Hast du meistens klassisch geplant und wenn ja, welche Herausforderungen sind dabei aufgetreten? Nimm dir einen Moment Zeit, um über deine bisherigen Planungsmethoden nachzudenken und zu erkennen, was gut funktioniert hat und was nicht.

MIT KOPF-FREI DEN MENTAL LOAD BESSER VERTEILEN

Seit ich die Kopf-frei-Methode für mich entdeckt habe, entwickele ich sie beständig weiter. Ich habe inzwischen die Erfahrungen von über 500 Müttern einfließen lassen und die Methode immer besser an viele Bedürfnisse angepasst – meine eigenen und die meiner Klientinnen.

Im Jahr 2021, nach meiner letzten Elternzeit, entschied ich mich, mein nebenberufliches Onlinebusiness *Finde dein Mama-Konzept* zu meiner Haupttätigkeit zu machen. Angefangen hatte alles 2017 mit dem gleichnamigen Podcast. Mittlerweile biete ich Onlinekurse und Mentoring für ein erfülltes Leben mit Familie und Beruf an. Meine Mission: das Empowerment von Frauen, die Job und Kinder jonglieren, ohne auf Leichtigkeit und Lebensfreude verzichten zu wollen. Ich bin fest davon überzeugt, dass ein erfülltes Leben mit Familie und Beruf möglich ist, ohne Dauerstress und sich selbst zu zerreißen. Dabei begleite ich Mütter und zeige ihnen hervorragende Tools, die den Alltag erleichtern. Neben Gamechangern wie der Kopf-frei-Methode ist das beispielsweise die Kraft des Mindsets: Die Art, wie du denkst und die Welt betrachtest, kann deine Vereinbarkeit von Beruf und Familie entscheidend beeinflussen.

Noch etwas anderes spielt eine große Rolle, und auch hier spreche ich aus Erfahrung: Seit 2022 leben mein Mann und ich das 50:50-Modell der gleichberechtigten Elternschaft und sind damit sehr happy. Eine Aufteilung, die Fürsorgearbeit, Hausarbeit und Erwerbsarbeit gleichmäßig zwischen uns verteilt – und in unserem Fall tatsächlich zur genau gleichen Stundenzahl. Dieses Modell haben wir bewusst gewählt, als unser drittes Kind zwei Jahre alt wurde und wir beide jeweils ein Jahr Elternzeit hinter uns hatten. Es war ein Aushandlungsprozess mit Höhen und Tiefen, der sich sehr gelohnt hat.

»Don't worry, be agile.«

Um in eine gleichberechtigte Elternschaft mit einer fairen Aufgabenverteilung zu kommen, musst du nicht das 50:50-Modell wählen. Mein Mann und ich hatten in den Jahren davor auch andere Modelle. Zeitweise hat er zum Beispiel mehr erwerbsgearbeitet als ich – da war es eher eine 60:40-Aufteilung. Wir werden sehen, was die Zukunft bringt, und unser aktuelles Modell je nach Bedarf anpassen.

Grundsätzlich geht es darum, dass die Aufteilung fair ist. Was genau fair ist, entscheiden die Elternteile gemeinsam. Und ja, allein das kann schon eine Herausforderung sein, sich darüber einig zu werden.

Einfacher wird es meiner Erfahrung nach, wenn wir Aufgaben und Verantwortungen sichtbar machen. Die Kopf-frei-

Methode ist dabei ein wichtiges Vehikel. Denn indem du alles raus aus dem Kopf und rein in das Sammelbecken schmeißt, müssen die To-dos aufgeschrieben werden.

Mein Mann und ich machen damit auch den Mental Load regelmäßig sichtbar. Das ist deshalb so hilfreich, weil gerade im Familienalltag die vielen kleinen Aufgaben und mehrschrittigen Dran-denken-To-dos sich zu einem belastenden Berg aufhäufen können, der mal eben so »mitgemacht« und stark unterschätzt wird. Besonders dann, wenn die Aufgaben aus Gewohnheit, oder weil man nicht darüber spricht, nur bei einer Person landen.

Wir sehen uns unsere Aufgaben und damit auch den Mental Load immer dann an, wenn wir unser Vereinbarkeitsmodell wechseln oder wenn einer von uns beiden das Gefühl hat, dass die Aufteilung nicht mehr fair ist. Eine Woche lang schreibt jeder alle Aufgaben auf. Auch die Dran-denken-Aufgaben wie Bettwäsche wechseln, Brotzeitbox für den Ausflugstag im Kindergarten packen und Lieblingsmüsli kaufen, was ja sonst oft unter den Tisch fällt. Jede Aufgabe wird auf einen Zettel geschrieben. Ja, du brauchst sehr viele Klebezettel. Die kleben wir dann an eine weiße leere Wand bei uns in der Speisekammer. Am Ende der Woche stellen wir uns davor und gehen alles zusammen durch. Meist fügen wir dann noch jährliche Aufgaben wie Steuererklärung und Auto-Inspektionen hinzu. Dann schieben wir diese Klebezettel hin und her. Wer macht gerade was? Wer macht was gern und was eher ungern? Welche Aufgaben werden oft vergessen? Zum Beispiel Fingernägel beim jüngsten Kind regelmäßig schneiden. Wir nutzen diese Klebezettelsammlung, um uns auszutauschen, über eine faire Aufteilung zu entscheiden und diese auch zu visualisieren. Ich kann so ein Vorgehen in der Elternschaft sehr empfehlen.

Die Kopf-frei-Methode löst natürlich nicht das ganze Mental-Load-Problem. An dieser Stelle will ich daher ganz klar sagen: Eine faire Aufteilung von Fürsorge- und Hausarbeit in Partnerschaften ist wichtig! Und nicht nur in Familien müssen wir darüber verhandeln – auch politisch und gesellschaftlich darf das Engagement für Eltern und das Thema Vereinbarkeit größer werden. Nicht zuletzt, um Ein-Eltern-Familien besser zu unterstützen. Doch wir können auf die großen Veränderungen nicht ewig warten. Du und ich brauchen jetzt eine Lösung. Wir fangen bei uns an. In diesem Buch bekommst du deshalb ein starkes Tool, um die To-dos, die dir wichtig sind, zu erledigen, immer den Überblick zu haben und dir einen freien Kopf zu verschaffen. Für deine gelingende Vereinbarkeit von Familie und Beruf!

Die Kopf-frei-Methode ist mein täglicher Begleiter, sowohl in meinen früheren Festanstellungen als auch jetzt in meiner erfolgreichen Selbstständigkeit. Und genau diese Methode kannst du auch für dich erfolgreich etablieren. Lass uns loslegen!

INSPIRATION

Lebensfreude statt Selbstoptimierung

An dieser Stelle möchte ich unbedingt vorwegschicken: Es geht nicht permanent darum, möglichst viele To-dos zu schaffen. Das Leben besteht nicht nur aus Leistung. Du bist kein besserer Mensch, wenn du am Ende des Tages mehr To-dos abhaken kannst. Ich möchte mit der Kopf-frei-Methode keine unendliche Selbstoptimierung fördern. Es geht darum, die Dinge zu erledigen, die dir wirklich wichtig sind, damit dir genug Zeit für dich, deine Familie und die sonstigen schönen Dinge des Lebens bleibt.

Lebe das Hakuna-Matata-Motto! *Hakuna Matata* ist ein berühmter Ausdruck aus dem Film *Der König der Löwen* und bedeutet in der Swahili-Sprache »keine Sorgen«. Er steht für eine Lebenseinstellung, die Gelassenheit fördert und das Loslassen von Stress und Sorgen in den Mittelpunkt stellt. Also befreie dich von der Last überwältigender To-dos und pflege stattdessen eine entspanntere, sorgenfreie Herangehensweise an dein tägliches Aufgabenmanagement. Das Ziel ist es, Aufgaben effizient und ohne unnötigen Stress zu erledigen, was zu einem ausgeglichenen und zufriedenen Lebensstil führt.

DEIN *schneller* EINSTIEG IN DIE *Kopf-frei-Methode*

Du bist neugierig geworden und kannst es nicht erwarten, endlich anzufangen? In diesem Kapitel stelle ich dir die wichtigsten Grundprinzipien und Vorteile der Kopf-frei-Methode vor. Dann hast du direkt einen guten Überblick. Dabei ist mir besonders wichtig, dass du beim Lesen schon eine konkrete Anleitung bekommst, mit der du parallel in die Umsetzung einsteigen kannst – du musst nicht viel Theorie oder alle möglichen Anwendungsfälle kennen, sondern darfst einfach loslegen.

Vertrau dem Prozess und deinem Gefühl, was für dich und dein Leben funktioniert. Kopf-frei bedeutet, dass sich die Methode dir anpasst und nicht umgekehrt. Tiefer einzusteigen ist später immer noch möglich. Du lernst, indem du ins Tun kommst.

Ich unterstütze dich mit diesem Kapitel außerdem bei wichtigen Entscheidungen wie der, welches Tool du wählen kannst, um Kopf-frei gut in dein Leben zu integrieren. Bereit? Dann lass uns starten!

DIE BASIS: ALLES RAUS AUS DEM KOPF

Dein Kopf wird frei, wenn du dir sicher sein kannst, dass alle To-dos, Ideen und Gedanken, die du dir merken willst oder noch zu Ende gedacht werden dürfen, geparkt sind. Das Besondere an der Kopf-frei-Methode ist dabei, dass du alle deine Aufgaben an *einem* Ort sammelst und nicht an mehreren. Was ich damit meine? Prüfe einmal, wo du aktuell deine To-dos sammelst. Vermutlich auf mehreren To-do-Listen, sowohl analog als auch digital, im Outlook oder in einer Notiz-App. Und sehr wahrscheinlich auch in deinem Kopf, im Sinne von: »Ich merk mir das.«

Das Problem gerade bei den To-dos, die wir nicht aufschreiben und einfach so im Gedächtnis behalten wollen, ist aber: Wir müssen uns so viele davon merken, dass es im busy Mama-Alltag recht unwahrscheinlich ist, dass das wirklich funktioniert. Meist fallen uns einzelne Punkte dann irgendwann plötzlich ein, etwa in der Einschlafbegleitung und anderen ungünstigen Momenten, und wir bekommen ein schlechtes Gewissen. »Oh nein, ich habe schon wieder vergessen, Laura zu antworten, wann wir uns treffen können« oder »Mist, ich wollte doch auf der Arbeit Frau Hoffmann noch eine Rückmeldung geben«. Das erzeugt inneren Druck und Unzufriedenheit.

Ein Grund, warum wir abends oft völlig fertig sind und gar nicht wissen, warum, ist: Du verbrauchst deine Energie damit, immer wieder über die gleichen To-dos nachzudenken. Selbst wenn wir alles aufschreiben, haben wir ein Übersichtsproblem, wenn wir alle To-dos an unterschiedlichen Orten notieren. Wir müssen uns dann merken, wo alles steht. Wir verplempern viel Zeit und Hirnaktivität damit, den passenden To-do-Zettel zu finden.

Die Kopf-frei-Lösung: Du sammelst ab sofort alles an einem Ort. Raus aus dem Kopf damit, am besten so schnell wie möglich. Welche Orte genau infrage kommen, ob analog oder digital, zeige ich dir weiter unten.

WISSEN

Warum dein Kopf keine To-do-Liste ist

Dein Kopf ist kein guter Speicher, um sich Dinge zu merken. Das Gehirn ist ein komplexes Organ, das dafür entwickelt ist, Informationen und Erlebnisse zu verarbeiten und verschiedene kognitive Aufgaben zu bewältigen. Es nimmt blitzschnell Daten auf, analysiert, verknüpft und interpretiert. Dabei versucht es immer, Sinn zu generieren.

Vor allem will das Gehirn relevante Informationen herausfiltern und unwichtige Informationen ignorieren. Es ist nicht dafür gemacht, diese Informationen lange zu speichern und schön zu sortieren. Wenn wir das wollen, müssen wir meist viel Kraft investieren, etwa um Dinge auswendig zu lernen. Du kennst das vielleicht vom Vokabellernen, dem Einmaleins oder der Schwierigkeit, dir unterschiedliche lange Passwörter zu merken.

Wenn dein Kopf dir nun sagt: »Milch beim Einkaufen nicht vergessen, Waschmaschine muss ich noch anmachen, die U7a steht an, Abendessen muss rechtzeitig fertig sein, eigentlich wollte ich ja noch mein Gehalt verhandeln, um meine Rentenlücke muss ich mich auch mal kümmern, ob ich heute wirklich zum Sport gehe, ich muss noch den Zettel für den Kindergarten ausfüllen …«, quillt er irgendwann über. Dein Gehirn filtert und will alles managen. Dabei passiert es, dass ein To-do als weniger wichtig eingestuft wird – und schon ist diese Aufgabe nicht mehr im Kopf präsent.

Merke: Dein Kopf ist keine To-do-Liste und kein Parkplatz für deine Aufgaben.

DER IDEALE ORT FÜR DEINE TO-DOS: DAS AGILE BOARD

Dein Gehirn verarbeitet und filtert also. Und genau dafür solltest du deinen Kopf auch nutzen. Um To-dos, Ideen und Projekte verlässlich zu sammeln und wiederzufinden, nehmen wir besser einen geeigneteren Ort. Dieser Ort kann ein Notizbuch sein, eine Wand mit Klebezetteln oder ein digitales Tool. Entscheidungshilfen dazu findest du weiter unten – hier geht es erst einmal darum, nachzuvollziehen, wie die Methode funktioniert.

Das agile Board

In einem ersten Schritt erstellst du ein agiles Board. Das agile Board sieht aus wie eine Tabelle mit Spalten. Agile Boards sind ein Werkzeug, das häufig in Projektmanagementmethoden wie Scrum oder Kanban verwendet wird. Wir nutzen es, um Aufgaben sichtbar zu machen, den Fortschritt einer Aufgabe anzuzeigen und eine Priorisierung zu haben. Das heißt, wir sammeln nicht nur alles an einem Ort, sondern arbeiten auch alle Aufgaben an einem Ort ab: deinem Kopf-frei-Board.

Du kannst dein Kopf-frei-Board auch als eine Tafel betrachten, die in verschiedene Abschnitte unterteilt ist. Jede Spalte zeigt den Status einer Aufgabe an. Wir nutzen zum Start die Spalten: Sammelbecken, To-do, Doing, Warten auf Rückmeldung und Done.

Finde deine eigenen Begriffe

In deinem Kopf-frei-Board hast du die Freiheit, die Bezeichnungen für jede Spalte ganz nach deinem Geschmack zu wählen. Das Sammelbecken könnte auch einfach *Sammeln* heißen. To-do lässt sich alternativ als *zu erledigen* bezeichnen. Statt Doing passt vielleicht *in Bearbeitung* besser zu deinem Stil und Done könnte zu *Fertig* oder *Erledigt* werden.

In der Welt des agilen Arbeitens sind To-do, Doing und Done weit verbreitete Begriffe, deshalb verwende ich sie in diesem Buch. Entscheide selbst, welche Begriffe dir am meisten zusagen und deine Arbeitsweise am besten unterstützen.

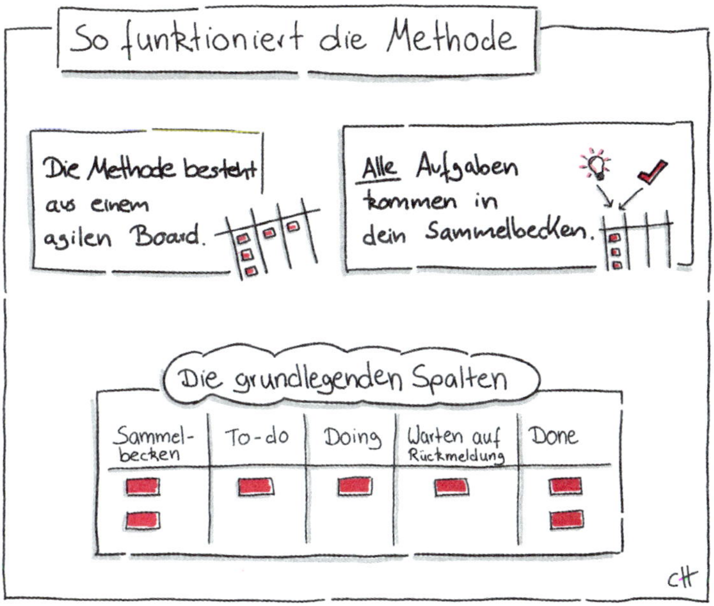

Weise den Aufgaben einen Status zu

Du gibst allen To-dos, die du zentral in deinem Board sammelst, einen Status gemäß den von dir angelegten Spalten, je nachdem, wo sie in der Bearbeitung gerade stehen. Damit bietet dir dein Kopf-frei-Board einen schnellen Überblick, lässt dich jederzeit wieder in eine Aufgabe einsteigen und ist rasch anpassungsfähig. Das ist ein großer Vorteil, wenn zum Beispiel plötzlich dein Kind krank ist und du keine oder weniger Zeit zum Abarbeiten hast. In solchen Situationen kannst du Prioritäten neu bewerten. Das Board hilft dir, einen Überblick über alle anstehenden Aufgaben zu behalten, sodass du entscheiden kannst, welche Aufgaben jetzt wichtig sind und welche warten können. Mehr zu flexibler Priorisierung findest du im Kapitel *Wie du deine Zeit effektiv nutzt*.

Kopf-frei funktioniert also so: Du sammelst alle Aufgaben an einem Ort, hast so den Überblick und sparst Gehirnkapazität. Dadurch fühlt sich dein Kopf frei an. Und nicht nur das: Auch, wie es mit den Aufgaben und ihrer Erledigung weitergeht, entscheidet sich hier.

INSPIRATION

Du und dein Board

Du führst künftig also alle deine To-dos über das Kopf-frei-Board! Das Board schenkt dir stets einen unkomplizierten Überblick über den Status einer Aufgabe, unterstützt dich bei der Priorisierung der To-dos und hilft dir, im Alltag flexibel zu sein.

BEGINNE JETZT UND LERNE UNTERWEGS!

Erstelle dir dein Kopf-frei-Board jetzt! Genau, ganz nach dem Motto: *Start before you are ready!*, was auf Deutsch so viel bedeutet wie »Beginne, bevor du bereit bist«. Dieses Motto ermutigt dazu, den ersten Schritt zu machen, auch wenn du das Gefühl hast, noch nicht vollständig vorbereitet zu sein.

Es geht darum, ins Handeln zu kommen und den Prozess zu starten, anstatt auf den perfekten Moment zu warten. Durch diesen Ansatz kannst du Dynamik aufbauen und lernst während des Tuns, anstatt dich von Unsicherheiten und Zweifeln lähmen zu lassen.

Die Haltung »Beginne, bevor du bereit bist« bietet viele Vorteile, die dich in deinem Alltag und bei der Verwirklichung deiner Ziele unterstützen können. An erster Stelle steht die Überwindung von Prokrastination – du handelst sofort, also ohne Aufschub. Dieser unmittelbare Start fördert den Lernprozess; du gewinnst wertvolle Erkenntnisse direkt durch die Praxis. Indem du einfach machst, lernst du am besten. Ein weiterer entscheidender Vorteil ist, dass du deine Ziele schneller erreichst. Indem du früher loslegst, siehst du rascher Ergebnisse. Der ideale Zeitpunkt kommt sowieso nie.

Gleichzeitig stärkt diese Herangehensweise dein Selbstvertrauen und deine Selbstwirksamkeit, da du siehst, was du alles erreichen kannst, auch wenn du anfangs unsicher bist oder noch nicht alles weißt. Zudem kannst du dich besser an unvorhergesehene Herausforderungen anpassen, da du ohnehin bereits im Handlungsmodus bist und flexibler auf Veränderungen reagieren kannst.

Merke: Insgesamt ermöglicht dir diese Einstellung, einfach loszugehen und dabei zu lernen und zu wachsen, anstatt von Unsicherheiten oder Perfektionismus ausgebremst zu werden.

»Start before you are ready.«

DIGITAL ODER ANALOG? WAS DU FÜR DEN START BRAUCHST

Zunächst steht die Entscheidung an: Möchtest du digital oder analog arbeiten? Was ist besser? Hier gibt es kein Richtig oder Falsch. Für die analoge Methode benötigst du einfach nur Klebezettel und einen Stift – unkomplizierte, effektive Werkzeuge für deine Planung. Fürs digitale Arbeiten wählst du ein Projektmanagementtool.

Was sich für dich am besten eignet, ist eine individuelle Entscheidung. Ich persönlich liebe es, analog mit Klebezetteln zu arbeiten. So habe ich es auch damals bei meinem Einstieg als Scrum Masterin gelernt. Das ganze Team stand an einer großen Glaswand in einem fancy modernen Büro und sprach sich für den Tag ab.

Es hat eine tolle Dynamik, ohne Bildschirm zu arbeiten, einen Stapel Klebezettel zu nehmen und mit einem dicken Marker die To-dos aufzuschreiben.

Auch als ich mit Kopf-frei für mich begann, nutzte ich analoge Klebezettel. Ich baute mir ein kleines Board an meinem Schreibtisch. Allerdings wurden es schnell so viele To-dos, dass der Platz nicht reichte. Und da ich das Kopf-frei-Board dann auch nicht mitnehmen konnte, stieg ich schnell auf digital um.

Heute arbeite ich immer noch viel mit analogen Klebezetteln. Ich mache damit zum Beispiel eine agile Quartalsplanung bei mir im Büro zu Hause. Auch meine Onlineprogramme entwickle ich mit Klebezetteln, meist an meinen Bürofenstern. Du siehst, die Klebezettel und ich, wir mögen uns.

Die Mehrheit meiner Community arbeitet wie ich digital. Viele starten analog, wechseln dann aber aus den gleichen Gründen wie ich damals auf ein digitales Tool. Einige wenige blieben aber bei der analogen Vorgehensweise. Sie nutzen meist ein Notizbuch, das sie überallhin mitnehmen können. Viele Elternteile in Elternzeit ohne Erwerbsarbeit erstellen ein analoges Kopf-frei-Board an einer Wand in ihrem Wohnraum. In dieser Lebensphase sind sie meist viel zu Hause und es ist einfacher, mit Baby auf dem Arm mal eben an die Wand zu schauen, anstatt den Laptop zu öffnen oder die kleine Ansicht auf dem Mobiltelefon zu nutzen.

MEIN TIPP

Erste Wahl: digital

Für die Kopf-frei-Methode empfehle ich, mit einem digitalen Tool zu arbeiten. Es hat sich gezeigt, dass sich diese Variante bei der Menge der Aufgaben, die Eltern haben, besser eignet. Eine solche Software, die einfach und kostenfrei als App nutzbar ist, bringt ideale Voraussetzungen mit, um alle weiteren Schritte der Kopf-frei-Methode zu meistern.

Falls du dich für die digitale Variante entscheidest, ist Trello ein gutes Beispiel. Ich persönlich liebe Trello. Es ist leicht zu bedienen, sehr übersichtlich und ohne viel Schnickschnack nutzbar, was mir sehr entgegenkommt. Im Buch wird es immer wieder Beispiele mit Trello geben, weil ich damit viel Erfahrung habe. Aber auch hier gilt: Es gibt kein Besser oder Schlechter, sondern einfach persönliche Präferenzen. Alle anderen Tools funktionieren genauso gut. Schau, was für dich und dein Leben passt.

Du kannst dich bei einer Software deiner Wahl anmelden und schon einmal die grundlegenden Spalten einrichten: Sammelbecken, To-do, Doing und Done. Nimm auch gerne schon *Warten auf Rückmeldung* dazu. Dann lautet die Reihenfolge: Sammelbecken, To-do, Doing, Warten auf Rückmeldung und Done.

WISSEN

Einfache Projektmanagement-Tools

Projektmanagement-Software ist unkompliziert zugänglich – und natürlich auch nutzbar, wenn du keine Projektmanagerin im klassischen Sinne bist. Du wirst online oder in den App-Stores fündig und kannst Basisvarianten in der Regel kostenfrei nutzen und einfach installieren.

Weitere bekannte Softwaretools neben Trello in diesem Bereich sind Asana, Jira, Meistertask, Microsoft Planner und Notion. Alle sind leicht zu erlernen. Diese Tools bieten ähnliche Funktionen zur Aufgabenverwaltung und Projektorganisation, und die Wahl hängt von deinen individuellen Bedürfnissen und Vorlieben ab. Schau dich also gleich mal um und überlege, was dich anspricht! Meistens kannst du dir von der jeweiligen Software ein kleines Demo ansehen. Achte aber darauf, dass du mit der Software die Spalten generieren kannst, die ich dir im nächsten Abschnitt vorstelle. Wir brauchen Spalten, die nebeneinanderstehen. Es dürfen keine Listen sein, die untereinanderstehen.

Welche Kosten entstehen dabei?

Klebezettel sind schon für ein paar Euro erhältlich, und einen geeigneten Stift hast du wahrscheinlich bereits zu Hause. Bei der digitalen Variante reicht die kostenlose Version für die Grundfunktionalitäten deines Kopf-frei-Boards aus. Somit entstehen dir keine oder nur geringfügige Kosten.

Projektmanagement-Tools: Browser vs. App – was ist der Unterschied?

Projektmanagement-Tools im Browser nutzt du über einen Internetbrowser wie zum Beispiel Chrome, Firefox oder Safari auf deinem Computer. Eine Internetverbindung ist erforderlich, um darauf zuzugreifen. Die Ansicht im Browser ist besonders geeignet, wenn du von deinem Laptop oder Desktop-PC aus arbeitest, da du hierbei den Vorteil des größeren Bildschirms voll ausschöpfen kannst. Das ist ideal für ausführliche Planungen und das Bearbeiten umfangreicher Projekte.

Projektmanagement-Tools als App sind vor allem für die Nutzung auf deinem Smartphone oder Tablet gedacht, unabhängig davon, ob es sich um ein Android- oder iOS-Gerät handelt. Viele Apps bieten eine Offlinefunktionalität, sodass du auch ohne Internetverbindung auf deine gespeicherten Daten zugreifen kannst. Das ist besonders praktisch, wenn du unterwegs bist und schnell etwas in dein Sammelbecken eintragen möchtest.

Merke: Die Kombination aus Browser- und App-Nutzung ist häufig die effektivste Methode, da sie sich gegenseitig perfekt ergänzen.

INSPIRATION

Und jetzt du!

Das sind die ersten Schritte hin zu einem freien Kopf:

- Wähle ein Tool.
- Richte dieses Tool ein.
- Sammle ab sofort alle Aufgaben dort.

DSGVO-Konformität bei Projektmanagement-Tools

Wenn du ein digitales Tool für dein Kopf-frei-Board nutzt, ist es wichtig zu wissen, ob es DSGVO-konform ist. Die Datenschutzgrundverordnung der EU stellt hohe Anforderungen an den Schutz personenbezogener Daten. Viele Tools haben Maßnahmen ergriffen, um diese Anforderungen zu erfüllen. Sie bieten Datenschutzvereinbarungen, spezielle Einstellungen und Sicherheitsmaßnahmen, um die Daten ihrer Nutzer zu schützen.

Dennoch liegt die Verantwortung auch bei dir als Nutzerin: Achte darauf, welche Informationen du teilst und wie du sie verarbeitest. Nicht jedes Tool darf in jedem Arbeitsumfeld genutzt werden – manche Arbeitgeber haben spezifische Vorgaben oder erlauben bestimmte Tools nicht. Für dich in Anstellung lohnt es sich, einmal bei der IT-Sicherheitsabteilung nachzufragen, bevor du dich für ein Tool entscheidest.

Prüfe also vor der Nutzung eines digitalen Tools, ob es den DSGVO-Anforderungen entspricht und ob es in deinem spezifischen Arbeitskontext erlaubt ist. Diese kleine Recherche kann dir helfen, datenschutzrechtliche Probleme zu vermeiden und sicherzustellen, dass du und deine Daten geschützt sind.

Geschafft! Jetzt kannst du tiefer einsteigen und dein Vorgehen verfeinern – wie, das erkläre ich dir im nächsten Kapitel.

Das Kopf-frei-Board – dein persönlicher Zauberstab für den Alltag

Auch wenn wir wie Molly Weasley aus *Harry Potter* zaubern könnten, würde das nicht automatisch unseren Stress beseitigen. Mollys Leben, obwohl sie zaubern kann, ist oft chaotisch und voller Herausforderungen. Das lehrt uns eine wichtige Lektion: Zauberkräfte allein reichen nicht aus, um einen entspannten und erfüllten Alltag zu führen. Es geht darum, sich selbst effektiv zu managen und zu führen. Die Kopf-frei-Methode bietet dir ein Werkzeug, um genau das zu tun: deinen Alltag bewusst zu gestalten und zu organisieren, sodass du trotz der täglichen Herausforderungen in Beruf und Familie Gelassenheit und Freude finden kannst. Wir brauchen keine Zauberkraft, um uns einen entspannteren Alltag zu kreieren – mit den richtigen Werkzeugen und Methoden können wir dies selbst erreichen.

DER GRUNDLEGENDE *Flow*: DIE FÜNF PLUS EINS SCHRITTE ZUR *effektiven* UMSETZUNG

Du bekommst jetzt fünf plus eins Schritte an die Hand, mit denen du immer den Überblick hast und zu mehr erledigten To-dos kommst.

1. Du sammelst alle Aufgaben an einem Ort, und zwar in der ersten Spalte deines Kopf-frei-Boards, dem Sammelbecken.
2. Als Nächstes sortierst du alle To-dos, die im Sammelbecken liegen, durch. Das machst du in einem dafür vorgesehenen Zeitfenster, idealerweise etwa ein- bis dreimal am Tag, wobei es keine feste Regel gibt. Du kannst auch öfter darauf schauen.
3. Du formulierst, wenn nötig, To-dos um und legst sie in der Spalte To-do ab. Dabei kannst du automatisch priorisieren, indem du die Aufgaben, die am wichtigsten und dringlichsten erledigt werden müssen, nach oben ziehst. Jetzt hast du alle Aufgaben in der To-do-Spalte liegen und nimmst dir ein Zeitfenster, um eine Aufgabe zu erledigen.
4. Schritt vier ist, die Aufgabe abzuarbeiten und dabei Ablenkungen auszuschalten.
5. Sobald die Aufgabe erledigt ist, ziehst du sie in die Spalte Done. Das ist Schritt fünf. Um die Kopf-frei-Methode wirklich gut für dich anzupassen und optimal zu nutzen, kommt hier der Plus-eins-Schritt:
6. Die *Review*: Du reflektierst, wie gut dein Board für dich funktioniert, und nimmst gegebenenfalls Anpassungen vor.

Das sind die fünf plus eins Schritte der Kopf-frei-Methode. Die ersten fünf Schritte machst du täglich, die Review am besten einmal die Woche – siehe dazu auch das Kapitel *So integrierst du Kopf-frei in deinen Alltag*.

Wie genau du die Schritte gestaltest, erfährst du jetzt.

MEIN TIPP

Erst umsetzen, dann anpassen

Folge den genannten Schritten der Kopf-frei-Methode von Beginn an so gut wie möglich. Sie sind nicht willkürlich gewählt, sondern tragen dazu bei, dass du die Kopf-frei-Methode schnell und mühelos anwenden und in einen echten Flow kommen kannst. Setze die Methode zunächst so um, wie sie hier im Buch beschrieben ist. Erst nachdem du damit vertraut bist und sie in deinen Alltag integriert hast, kannst du über mögliche Anpassungen nachdenken. So kannst du sicherstellen, dass du das volle Potenzial der Methode ausschöpfst und sie optimal auf deine individuellen Bedürfnisse abstimmen kannst. Was du gern beherzigen darfst: Verfalle hier nicht in Perfektionismus. »So gut wie möglich umsetzen« bedeutet nicht, immer alles hundertprozentig genau so anzuwenden, wie ich es hier demonstriere.

SCHRITT EINS: SAMMELN

Diesen Schritt kennst du schon: Alles wird an einem Ort gesammelt. Wenn du dich für ein digitales Board entschieden hast, sammelst du direkt in der ersten Spalte des Boards. Diese erste Spalte nennen wir Sammelbecken. Hier wird alles gesammelt, was dir im Kopf herumschwirrt. Und wenn ich sage, dass du jetzt alles sammeln sollst, dann meine ich ALLES. In deinem Sammelbecken kann so etwas stehen wie »Neue Hausschuhe für Noah«, »Gemüseabo«, »Gartenhaus?« etc. Dort kannst du auch Links ablegen ohne weiteren Kommentar, zum Beispiel zu einem Blogartikel, der dir geschickt wurde.

Die 5 Schritte
1 Sammeln
Aus dem Kopf
an einen Sammelort
2 Durchgehen
Will/muss ich das machen?
Was genau muss gemacht werden?
Wo gehört das hin?
3 Konkret formulieren & ablegen
Handlungsschritt formulieren & passend ablegen
4 Erledigen
To-do fokussiert abarbeiten
5 Fertig
Du ziehst die Aufgabe in „Done".

Jeder Gedanke kommt auf eine Karte. Das Ziel ist, dass alles, was in deinem Kopf herumschwirrt, herauskommt. Raus aus dem Kopf, rein ins Sammelbecken.

Das Sammelbecken ist dein Denkarium

Du kannst dir das Sammelbecken auf deinem Kopf-frei-Board vorstellen wie das Denkarium bei *Harry Potter*. Das Denkarium ist eine magische Vorrichtung, die es ermöglicht, Gedanken oder Erinnerungen zu speichern und zu betrachten. Es handelt sich dabei um eine Art Schale oder Becken, die mit einer silbrig-glitzernden Substanz gefüllt ist. Das Denkarium wird oft genutzt, um Gedanken zu klären oder um anderen wichtige Ereignisse aus der Vergangenheit zu zeigen. Es hilft dabei, die eigenen Gedanken zu ordnen und gibt einen klaren Blick auf bestimmte Ereignisse oder Informationen.

Genau wie dein Sammelbecken. Stell dir vor, jede Aufgabe, jeder Gedanke und jede Idee, die in deinem Kopf umherkreist, ist wie eine Erinnerung in Harry Potters Welt. Indem du diese Gedanken in dein Sammelbecken – dein persönliches Denkarium – überträgst, entlastest du deinen Geist.

So wie Dumbledore seine Erinnerungen in das Denkarium gibt, um seinen Kopf freizubekommen und später besser auf sie zugreifen zu können, legst du alle deine Gedanken und Aufgaben in das Sammelbecken. Dort sind sie sicher aufbewahrt und bereit, wenn du sie brauchst. Das ermöglicht dir, deinen Fokus zu behalten und dich auf das Wesentliche zu konzentrieren, anstatt von einer Flut unstrukturierter Gedanken und Aufgaben überwältigt zu werden.

Der Prozess des Sammelns aller Aufgaben und Gedanken im Sammelbecken ist also ein entscheidender Schritt, um Klarheit und Struktur in deinen Alltag zu bringen. Du entnimmst die Gedanken und Aufgaben aus deinem Kopf und speicherst sie an einem Ort, an dem du sie leicht überblicken und organisieren kannst. So behältst du die Kontrolle, Prioritäten werden klarer und du kannst systematischer entscheiden, was als Nächstes zu tun ist. Es ist, als würdest du die Gedankenfäden deines Lebens entwirren und sie in eine Ordnung bringen, die es dir ermöglicht, sie effektiver und zielgerichteter zu nutzen.

Du sammelst also erst einmal alles im Sammelbecken und das zu jeder Zeit an jedem Ort. Sprich, du solltest dein Sammelbecken immer bei dir haben. Digital eignet sich dein Smartphone mit der entsprechenden App. Analog eignet sich ein kleiner Stapel Klebezettel in deinem Notizbuch. Oder in deinem analogen Kalender. Überlege: Was trägst du immer bei dir? Klebe dort einen Haufen Klebezettel dazu und lege einen Stift bei.

INSPIRATION

Schneller Zugriff: Das Sammelbecken-Widget auf deinem Home-Bildschirm

Wenn du ein digitales Board nutzt, dann stelle es so ein, dass du das Sammelbecken (also die erste Spalte deines Kopffrei-Boards) als Widget nutzen kannst. Ein Widget ist eine kleine Anwendung oder ein Programmfenster, das Funktionen eines größeren Programms direkt auf deinem Home-Bildschirm oder in deiner »Heute-Ansicht« anzeigt. So kannst du schnell und unkompliziert darauf zugreifen. Du weißt nicht, wie du ein Widget einstellst? Google dazu »Widget einstellen« und gib deinen Smartphone-Hersteller an. So findest du schnell eine passende Anleitung.

Einsatzbereiche der Kopf-frei-Methode: Beruf, Privates oder beides?

Falls du dich fragst, ob die Kopf-frei-Methode eher für berufliche als für private To-dos hilft, kommt hier die gute Nachricht: Sie passt für beides. Du hast die Freiheit, dein Board entweder ausschließlich für private Aufgaben zu nutzen, es komplett auf berufliche To-dos auszurichten oder beides miteinander zu verbinden. Letztendlich liegt es an dir und deinen individuellen Bedürfnissen, wie du die Methode am effektivsten einsetzt. Ob im Beruf, im Privatleben oder in einer Kombination aus beidem, die Kopf-frei-Methode passt sich flexibel deinem Alltag an und unterstützt dich dabei, deine Aufgaben effizient und übersichtlich zu organisieren.

MEIN TIPP

Doppelter Nutzen: Kopf-frei für Beruf und Privates

Wenn du erwerbsarbeitest, dann ist es eine super Idee, sowohl deine beruflichen als auch deine privaten To-dos auf demselben Kopf-frei-Board zu führen. Warum das so clever ist? Ganz einfach: Dein Gehirn macht keinen Unterschied zwischen Job und Familie – Gedanken kommen und gehen, egal, ob du gerade im Büro bist oder daheim. Um das Beste aus der Kopf-frei-Methode herauszuholen, ist es absolut sinnvoll, beides zu kombinieren. So hast du immer alles im Blick und nichts geht unter – egal, ob es um die Arbeit oder ums Zuhause geht.

Es kann sein, dass die Kopf-frei-Methode in Berufen, in denen du viel direkt mit Kundinnen und Kunden arbeitest, nicht so umfassend funktioniert. Das trifft dann zu, wenn du etwa Restaurantfachfrau oder Ärztin bist und vielleicht nicht so viele To-dos hast, die du aufschreiben und abarbeiten kannst. Gleiches kann aber muss nicht für Assistentinnen gelten, die permanent ans Telefon gehen müssen, ankommende Kundinnen begrüßen und viele To-dos haben, die ad hoc erledigt werden müssen. Dann kannst du Kopf-frei immer noch privat nutzen und eben für all die beruflichen To-dos, die du einplanen kannst und nicht sofort abarbeiten musst. Du kannst die Methode an deinen Workflow anpassen, wie die Physiotherapeutin, die meinen Onlinekurs besucht hat: Während ihrer Arbeitszeit in der Praxis schreibt sie die To-dos, die sie nach den Patientinnenterminen erledigen muss und die, die ihr in der Behandlung eingefallen sind, auf. Das sind zwar nicht viele und sie bilden nur einen Teil ihrer Arbeit ab, erledigt werden müssen sie natürlich trotzdem.

Sammle Ideen, wo immer du bist!

Jetzt etablierst du die neue Gewohnheit, immer und überall zu sammeln. Du stehst auf dem Spielplatz, und dir fällt ein: »Ach, ich wollte noch für Finn einen Friseurtermin vereinbaren« oder »Ich muss noch die Rechnung vom Autohaus überweisen«. Ab sofort landet all das – schwups – im Sammelbecken. Du schreibst dann »Friseur Finn« und »Rechnung Autohaus« auf.

Das Gleiche tust du, wenn dir in den Sinn kommt: »Ich wollte noch Frau Albrecht die Ergebnisse des Meetings per Mail senden«. Auch wenn du auf dem Spielplatz stehst und gerade nicht im beruflichen Kontext bist, schreibst du jetzt in dein Sammelbecken »Frau Albrecht Ergebnisse mailen«. Ebenso, wenn du im Büro sitzt und du die Idee hast: »Vielleicht sollten wir am Wochenende in den Tierpark fahren«. Dann schreibst du in dem Moment in dein Sammelbecken »Tierpark?«.

Das Ziel: alles raus aus dem Kopf, rein in das Sammelbecken. Damit ist dein Kopf frei, und du kannst dich im nächsten Moment deinen Kids auf dem Spielplatz widmen oder dem nächsten To-do im Büro. Denn das macht deinen Kopf frei. Dein Mental Load ist unter anderem deswegen so hoch, weil alle To-dos, Ideen und nicht zu Ende gedachten Gedanken in deinem Kopf herumfliegen. Besser: Du sammelst alles in EINEM Sammelbecken.

Du sammelst nicht nur auf dem Spielplatz oder im Büro, sondern immer und überall. Wenn du abends auf dem Sofa sitzt und dir einfällt »Ich muss noch den Zettel für den Elternabend unterschreiben«, dann schreibst du auch hier »Elternabend« in dein Sammelbecken. Es ist egal, wo du bist, schreib es immer so schnell wie möglich auf. Denn ansonsten kommt dieser Gedanke immer wieder und lenkt dich ab. Und gleichzeitig ist die Gefahr groß, dass du das To-do vergisst und dich dann ärgerst.

Einfache Aufgabenübertragung: E-Mails an dein Kopf-frei Board senden

Eine praktische Funktion, die viele Projektmanagementtools bieten, ist das Versenden von E-Mails direkt an dein Kopf-frei-Board. Stell dir vor, du erhältst eine E-Mail mit einer Aufgabe, die du gerade nicht bearbeiten kannst. Anstatt sie im Posteingang zu belassen, wo sie leicht in Vergessenheit geraten kann, hast du die Möglichkeit, sie als Karte auf dein Board zu schicken. Zum Beispiel ermöglicht Trello, dass jedes Board eine eigene E-Mail-Adresse hat, die du in den Kartendetails findest. Du kannst einfach die E-Mail an diese Adresse weiterleiten, und sie erscheint als neue Karte auf deinem Board.

Das ist eine tolle Möglichkeit, um sicherzustellen, dass alle wichtigen Informationen und Aufgaben genau dort landen, wo du sie planen und bearbeiten möchtest. Denn alles soll ja an einem Ort sein: in deinem Sammelbecken. Kein Hin und Her zwischen verschiedenen Apps oder das Risiko, etwas Wichtiges zu übersehen. Wie das genau funktioniert, dazu gibt es viele kostenlose Anleitungen im Internet, die Schritt für Schritt erklären, wie du diese Funktion einrichten kannst.

Die Botschaft, die du dir bei Schritt eins merken kannst:

- Alles an einem Ort! Sammle alle To-dos, Ideen und nicht zu Ende gedachte Gedanken im Sammelbecken. Und das zu jeder Zeit und wo immer du bist.

SCHRITT ZWEI: DURCHGEHEN

Den zweiten Schritt machst du, wenn du etwas mehr Zeit hast, also nicht zwischendurch, sondern zu Beginn einer Arbeitsphase. Eine Arbeitsphase kann zum Beispiel der Start deiner Erwerbsarbeit sein oder der Beginn eines ungestörten Zeitfensters zu Hause. Dann schnappst du dir deinen Kaffee, nimmst dir dein Kopf-frei-Board und startest mit Schritt zwei: dem Durchgehen.

Bei diesem Schritt siehst du alle Karten des Sammelbeckens durch. Und zwar von oben nach unten. Die Karte, die oben steht, nimmst du zuerst. Du liest sie dir durch und stellst dir folgende Fragen:

- Was genau habe ich damit gemeint?
- Ist es ein To-do, eine Idee oder ein nicht zu Ende gedachter Gedanke?
- Ist diese Karte beruflich oder privat?
- Muss diese Aufgabe gemacht werden?
- Möchte ich diese Aufgabe tun oder jemand anderes?
- Sollte diese Aufgabe zeitnah oder irgendwann erledigt werden?

Das Ziel des zweiten Schritts ist es, zu kategorisieren. Dafür musst du dich erinnern, was genau gemeint war, und zuordnen, ob es in die Kategorie Beruf oder Privat fällt. Als Nächstes überlegst du, ob diese Aufgabe wirklich erledigt werden muss. Dies ist der Moment, in dem du Aufgaben wegschmeißen, ablehnen oder delegieren kannst. Auf diese Art und Weise kannst du die Menge deiner Aufgaben reduzieren. Du gehst jede Karte durch und stellst dir diese Fragen.

Nicht jede Aufgabe verdient einen Platz auf deinem Kopf-frei-Board

Ein häufiger Fehler bei Schritt zwei ist, sich *nicht* zu fragen, ob die Aufgabe gemacht werden muss, sondern alle Aufgaben einfach anzunehmen. Schritt zwei ist daher auch dazu da, die Menge an Aufgaben für dich zu reduzieren. Also denk dran: Muss diese Aufgabe gemacht werden? Musst du selbst sie erledigen oder kann das jemand anderes machen? Nutze diese Chance, auszusieben!

Entscheide klug: Wegwerfen, delegieren oder selbst erledigen?

Wenn du feststellst, dass die Aufgabe nicht gemacht werden muss, weder von dir noch von jemand anderem, und du diese Aufgabe verwerfen möchtest, dann schmeißt du sie direkt weg. Analog bedeutet es, dass du den Klebezettel nimmst und in den Mülleimer wirfst. Digital klickst du auf »Löschen«. Um Aufgaben dauerhaft zu reduzieren, ist übrigens eine Stop-doing-Liste hilfreich – dazu gleich mehr.

Wenn du feststellst: Diese Aufgabe muss gemacht werden, aber nicht unbedingt von dir, dann stell dir die Frage: »Wer kann oder wer sollte es stattdessen tun?« Das kann im privaten Bereich der andere Elternteil oder eine Person aus deinem Netzwerk sein. Im Beruflichen kannst du beispielsweise an Teamkolleginnen delegieren. Du kannst die Aufgabe weiterreichen oder jemand anderen um Hilfe bitten.

Wenn du feststellst: Ja, das ist eine Aufgabe, die ich machen möchte – erst dann folgt Schritt drei.

Weniger ist mehr: Erstelle deine Stop-Doing-Liste

Es ist zentral, dass du nicht alles, was in deinem Kopf ist, auch umsetzt. Das ist zu viel und macht unglücklich. Die Kopf-frei-Methode hilft dir dabei, indem du, bevor du eine Sache erledigst, reflektierst. Dies ist der zweite Schritt des grundlegenden Flows. Organisatorisch ist damit das Vorgehen klar, und dennoch tun sich so viele Mütter schwer damit, To-dos zu reduzieren. Aufgaben abzulehnen oder (gewohnte) Dinge nicht zu tun, ist eine Frage deines Mindsets – deiner inneren Haltung. Helfen kann hier eine Stop-doing-Liste. Das ist eine Liste mit Aufgaben, die du nicht mehr tun willst. Diese Liste kann superindividuell sein – zentral ist die Frage, womit du dich vielleicht schon seit Längerem quälst, was dir keine Freude macht, was dich immer wieder grübeln lässt ... Es lohnt sich, mit diesem Blick auf den eigenen Alltag zu schauen und scheinbar Notwendiges einmal infrage zu stellen. Zu deiner Inspiration hier eine mögliche Stop-doing-Liste:

- wöchentliches Rasenmähen (stattdessen: einmal im Monat; einen Mähroboter kaufen)
- den Turnbeutel für dein neunjähriges Kind packen (stattdessen: Hilf deinem Kind, selbst daran zu denken.)
- Matschküche selbst bauen (stattdessen: ohne Matschküche auskommen; sich das Teil von den Großeltern zu Weihnachten wünschen)
- täglich kochen (stattdessen: andere Familienmitglieder mitkochen lassen, Meal-Prepping anfangen, häufiger kalt essen, Tiefkühlkost ordern oder Essen bestellen)
- Dachboden aufräumen (stattdessen: Unordnung auf dem

Dachboden akzeptieren und aufhören, neues unnützes Zeug auf dem Dachboden abzulegen)
- Auto waschen (stattdessen: Waschanlagen nutzen; sich nicht am dreckigen Auto stören)
- bügeln (stattdessen: mehr bügelfreie Klamotten kaufen; mit ein bisschen Knitter leben)
- ...

Eine Stop-doing-Liste reduziert deine Belastung und setzt den Fokus auf deine Prioritäten. Und sie ist natürlich verhandelbar: Wenn du merkst, dass du etwas doch wieder gern tun möchtest, passt du die Liste an und lässt dafür etwas anderes bleiben, was heute vielleicht noch wichtig ist. Mit größer werdenden Kindern kann man manche gewohnte Aufgabe auch leichten Herzens wieder gehen lassen – selbst wenn sie lange ein treuer Begleiter für euch war.

Sorge dafür, dass dir der Aufgaben-Check in Fleisch und Blut übergeht. Am besten, du lädst dir diese Abbildung runter, legst sie dir auf den Desktop oder hängst sie ausgedruckt an den Kühlschrank. Hauptsache: gut sichtbar! Du findest die Sketchnote unter *www.carolinhabekost.de/kopf-frei-buch*.

Hinterfrage deine To-dos: Notwendigkeit oder bloß Erwartung?

Bei Schritt zwei lohnt es sich, die eigenen Gedanken zu beobachten. Warum denkst du, dass alles gemacht werden muss? Den meisten fällt es schwer, Aufgaben komplett wegzulassen. Warum? Muss deine Kleidung gebügelt sein? Ich habe jahrelang nur Kleidung getragen, die auch ohne Bügeln gut aussah. Gerade im Bereich Haushalt lassen sich Aufgaben streichen. Viele denken, sie müssen zu Hause tausend Dinge erledigen, sich perfekt um die Kinder kümmern und noch eine gute Arbeitnehmerin oder erfolgreiche Selbstständige sein. Eine Ursache dafür sind traditionelle Geschlechterrollen. Den meisten von uns wurde in Kinderbüchern, Filmen und durch das Vorleben gezeigt, dass vor allem Frauen sich um Haushalt und Kinder kümmern. Wir dürfen uns bewusst machen, wie sehr uns gesellschaftliche Erwartungen prägen – und lernen, sie abzustreifen.

Oft wird so getan, als sei alles nur eine Frage der guten Organisation. Und wenn du nur hart genug an dir arbeiten würdest, bekämst du das auch hin. Ja, Organisation hilft. Gleichzeitig bedeutet das aber nicht, dass du Superwoman bist und dein Alltag nur dann wertvoll ist, wenn du alles, was dir an Aufgaben zugeschmissen wird und dir in den Kopf kommt, erledigst. Der Vergleich mit anderen Müttern setzt uns unter Druck. Die Haltung »Ich will es genauso gut oder sogar besser machen als …« löst massiven Stress aus. Es kommt zu einem ungesunden Perfektionismus. Die meisten Mütter setzen sich selbst zu hohe Standards und denken, das müsste so sein.

Better done than perfect

Perfektionismus betrifft viele Frauen, sei es im Bestreben, die perfekte Mutter, Partnerin oder Arbeitnehmerin zu sein.

Durch unsere Sozialisation und die vielfältigen Ansprüche, die die Gesellschaft an Frauen stellt, ist es gar nicht so leicht, dem zu entgehen. Dieser Drang nach Perfektion kann jedoch hinderlich sein. Er führt oft zu unnötigem Stress und einem Gefühl der Unzufriedenheit, weil es nahezu unmöglich ist, ständig alles perfekt zu machen. Hier kommt das Motto *Better done than perfect*, der aus dem agilen Kontext stammt, ins Spiel. Es erinnert uns daran, dass es in Ordnung ist, nicht perfekt zu sein. Wenn wir diese Einstellung annehmen, können wir den Druck auf uns selbst reduzieren und unser Wohlbefinden steigern. Es geht darum, das Bestmögliche zu tun und gleichzeitig anzuerkennen, dass nicht alles fehlerfrei sein muss. Dieses Motto hilft uns, den Fokus auf das Erreichte und nicht auf das vermeintlich Unerreichte zu legen und dadurch eine gesündere und ausgeglichenere Lebensweise zu pflegen.

Bei unserer ständigen Suche nach Perfektion neigen wir außerdem oft dazu, Aufgaben unnötig zu verkomplizieren oder sie sogar aufzuschieben. Der Spruch *Better done than perfect* dient als Erinnerung daran, dass es manchmal wichtiger ist, eine Aufgabe abzuschließen, als sie perfekt zu machen. Dieser Ansatz fördert ein pragmatisches Vorgehen und hilft uns dabei, Fortschritte zu machen, anstatt in der Falle der Perfektionierung stecken zu bleiben. Es lohnt sich, diesen Gedanken im Alltag zu berücksichtigen, besonders wenn wir uns überwältigt von den vielen Aufgaben und Herausforderungen fühlen, die das Leben als berufstätige Mutter mit sich bringt. Im Kern geht es darum, sich auf das Wesentliche zu konzentrieren und zu akzeptieren, dass manchmal gut genug völlig ausreichend ist.

Better done than perfect bedeutet:

- Anstatt das Kinderzimmer perfekt aufzuräumen, sortiere die Spielsachen grob oder schiebe sie einfach in eine Ecke. Das spart Zeit und Energie, die du stattdessen für gemeinsame Aktivitäten mit deinen Kindern nutzen kannst.
- Wenn du mit deinem Kind bastelst, geht es mehr um den Spaß und das gemeinsame Erleben als um das perfekte Endergebnis. Ein selbstgemaltes Bild, das vielleicht nicht perfekt aussieht, dafür mit Freude und Stolz von deinem Kind präsentiert wird, ist mehr wert als ein makelloses Kunstwerk.
- Bei der Erwerbsarbeit kann es bedeuten, dass ein Projekt oder eine Präsentation gut genug ist, auch wenn sie nicht perfekt ist. Wichtiger ist es, Deadlines einzuhalten und kontinuierlich Fortschritte zu machen, anstatt sich in Details zu verlieren, die keinen großen Unterschied machen.
- Anstatt zu versuchen, dein Zuhause immer strahlend sauber und aufgeräumt zu halten, kann es sinnvoll sein, sich auf die wichtigsten Reinigungsaufgaben zu konzentrieren. Eine schnell gewischte Küche, das Freiräumen der Oberflächen oder ein nicht perfekt gemachtes Bett sind oft ausreichend, um ein angenehmes Wohngefühl zu bewahren, ohne dich durch stundenlange Putzaktionen zu erschöpfen.

Mut zu neuen Entscheidungen

Nutze also Schritt zwei, um deine Gedanken zu beobachten, warum du denkst, dies oder jenes tun zu müssen. Und sei mutig und entscheide dich mal anders als am Tag zuvor: Lass Aufgaben weg, gib sie ab – frage nach Unterstützung – oder erledige diese Aufgaben seltener. Sinnvoll ist das beispielsweise bei Hausarbeit oder sozialem Engagement. Du kannst deine Fenster einmal im Jahr putzen, anstatt es monatlich zu tun. Ich habe das für dich in den letzten Jahren ausprobiert. Es funktioniert. Wir putzen inzwischen unsere Fenster nur ungefähr alle zwei Jahre. Zwischendurch wischen wir Handabdrücke ab und mehr nicht.

Auch im Bereich des sozialen Engagements kannst du Dinge seltener tun. Musst du wirklich bei jedem Schulfrühstück deine Hilfe anbieten und die Brötchen schmieren? Nein. Mach das gerne jedes zwanzigste Mal. Es gibt ja noch mehr Eltern in der Klasse deines Kindes. Ich sage nicht, dass du keine Ehrenämter oder Aufgaben von Kita und Schule übernehmen sollst. Ich sage: Überlege dir, wann du welche Aufgabe übernehmen möchtest und wie hoch deine aktuellen Kapazitäten sind.

Mein Mann und ich machen es inzwischen so, dass wir uns aufteilen: Ich organisiere den Stand beim nächsten Stadtfest vom Waldkindergarten. Mein Mann hilft bei den Bundesjugendspielen in der Grundschule. Nächstes Halbjahr engagieren wir uns dann in der weiterführenden Schule. So rotieren wir bei den Einrichtungen unserer Kinder. Wir engagieren uns bei allen drei Kindern immer wieder und dennoch nicht permanent, einfach um unsere Kapazitäten zu schonen. Gleichzeitig teilen wir uns die Aufgaben als Elternpaar auf.

Drei Botschaften, die du dir bei Schritt zwei merken kannst:

- Nimm dir Zeit, die Aufgabe zu reflektieren.
- Sei mutig und reduziere deine Aufgaben.
- Nutze Schritt zwei, um zu hinterfragen, warum du denkst, diese Aufgabe tun zu müssen.

Lass uns nun weitergehen zu Schritt drei: Formulieren.

SCHRITT DREI: FORMULIEREN UND ABLEGEN

Wenn du an diesem Punkt bist, hast du bereits beschlossen, dass du dieses To-do erledigen möchtest. Du formulierst nun den Text auf der Karte um und ziehst ihn in die To-do-Spalte. Wie sieht das konkret aus? Aus deinen Stichworten und Notizen bildest du jetzt Formulierungen, die eine konkrete Handlung beschreiben. Aus »Schuhe Noah« wird die Karte »Winterschuhe für Noah in Größe 25 kaufen«. Du hältst fest, was genau zu tun ist. Warum? Aus mehreren Gründen:

1. Wenn du die Aufgabe später bearbeitest, weißt du genau, was du zu erledigen hast. Manche Aufgaben sind weniger dringlich und liegen für längere Zeit auf deinem Kopf-frei-Board. Damit du dich auch in ein paar Wochen erinnerst, was genau du machen wolltest, formulierst du das To-do als konkreten Handlungsschritt. Automatisch sparst du dabei wieder Gehirnaktivität. Es ist superanstrengend für deinen Kopf, immer wieder über die gleiche Aufgabe nachzudenken und zu überlegen, was damit alles gemeint sein könnte. Wer kennt es nicht: Du liest ein Stichwort auf einem To-do-Zettel und weißt nicht mehr, was du dir damit sagen wolltest. Konkrete Formulierungen sparen hier Energie.
2. Die Umformulierung in konkrete Handlungsschritte aktiviert dich. Sie gibt dir im positiven Sinne Antrieb. Sie wirkt wie eine Arbeitsanweisung, die du dir selbst gibst. Allein die proaktive Formulierung, die wie eine Aufforderung ist, macht es dir leichter zu beginnen. Wir nutzen hier die Kraft der Sprache und aktivieren uns selbst.
3. Du verhinderst damit, dass du versehentlich die falsche Aufgabe machst bzw. nur einen Teil einer Aufgabe erledigst und

nicht alles. Je konkreter du in Handlungsschritten formulierst, desto klarer ist die Aufgabe. Damit gehst du sicher, dass du immer an alles denkst. Je komplexer die Aufgabe, desto wichtiger ist dieser Punkt.

4. Du gewinnst Klarheit und Fokus. Durch die Aufteilung von Aufgaben in konkrete Handlungsschritte bekommst du automatisch eine realistische Vorstellung davon, was zu tun ist. So vermeidest du Verwirrung, und es ermöglicht dir, dich bei der Durchführung wirklich nur auf dieses eine To-do zu konzentrieren.
5. Das Formulieren in konkrete Handlungsschritte erleichtert auch deine Priorisierung. Du entscheidest, welche Schritte zuerst erledigt werden müssen, und du kannst deine Zeit und Energie auf die Aufgaben richten, die am dringendsten oder am wichtigsten sind.
6. Du bist flexibler und anpassungsfähiger. Und genau das erleichtert deine Vereinbarkeit von Familie und Beruf. Wenn du Aufgaben in konkrete Schritte unterteilst, kannst du sie besser an veränderte Umstände anpassen. Du kannst Teilaufgaben verschieben, neu priorisieren oder delegieren, falls notwendig.

In Schritt drei entstehen mitunter aus einer Karte auch mehrere Karten. Nämlich immer dann, wenn zu deiner Notiz im Sammelbecken mehrere konkrete To-dos gehören. Das To-do »Kindergeburtstag organisieren« beinhaltet beispielsweise: »Gästeliste erstellen«, »Einladungen designen und versenden«, »Dekoration und Motto auswählen«, »Kuchenrezepte suchen und Einkaufsliste schreiben«, »Spiele und Aktivitäten planen« usw. Jede dieser Handlungen ist eine eigene Aufgabe und gehört erst mal auf eine eigene Karte. Ja, dadurch entstehen sehr viele Aufgaben.

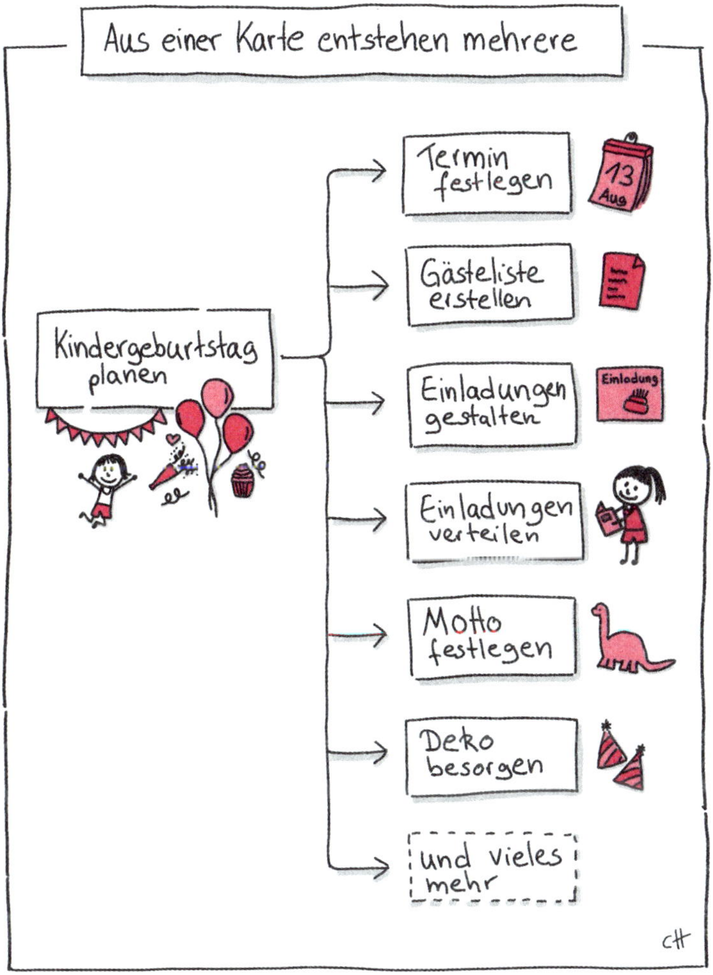

Wie sich Aufgaben entfalten

Manche Karten bleiben eine Karte: »Friseurtermin Finn« wird zu »Einen Friseurtermin für Finn vereinbaren«. Aus einer Karte wie »Gemüseabo« können aber auch drei Karten werden: »Online nachlesen, welche Gemüseabopakete es gibt«, »Gemüseabopakete mit der Familie besprechen« und »neues Abo für Gemüsepaket x abschließen«.

WISSEN

Huch, so viel?

Wir unterschätzen, wie schnell aus einer scheinbar einfachen Karte ein ganzes Bündel an Aufgaben wird. Noch ein Beispiel? Urlaubsplanung! Aus der ursprünglichen Idee »Urlaub planen« entstehen plötzlich viele kleine Schritte wie »Reiseroute festlegen«, »Unterkünfte suchen und buchen«, »Transportmittel organisieren«, »Aktivitäten vor Ort recherchieren« und »Packliste erstellen und Gepäck vorbereiten«. Wie du Aufgaben für dich gut und passend zuschneidest, erfährst du im Kapitel *Gedanken, Ideen, Projekte, Partnerschaft.*

Jede Aufgabe richtig formuliert und zugeordnet

Digital lässt sich die ursprünglich geschriebene Karte wunderbar überarbeiten. Analog darfst du nun einen neuen Klebezettel nehmen, umformulieren und den alten wegwerfen. Achte bei der Umformulierung immer darauf, dass ein Verb enthalten ist. Also anstatt »Friseur Finn« unbedingt formulieren »Friseurtermin für Finn *vereinbaren*«. Das Verb hilft deinem Kopf ungemein dabei, zu verstehen, was genau zu machen ist. Ein Verb, also ein Tuwort, bringt dich ins Tun.

Jetzt ist die Aufgabe klar, du hast dich dafür entschieden – nun geht es darum, die Kategorie festzulegen. Um die Kategorie zu kennzeichnen, gibt es verschiedene Möglichkeiten. Wenn du aktuell erwerbstätig bist, empfehlen sich die Kategorien »Beruf« und »Privat«. Wenn du ausschließlich private To-dos in deinem Board abbildest, erstellst du keine Kategorien.

Das Standardvorgehen ist, der Karte eine Farbmarkierung zu geben. Digital kannst du dies mit einem Label abbilden. Bei Trello wählst du »Label« aus und kannst über »Bearbeiten« dem Label eine Farbe zuordnen und beschriften.

Analog kannst du durch die Farbe des Klebezettels kategorisieren. Zum Beispiel stehen berufliche Aufgaben auf blauen Zetteln und private Aufgaben auf gelben Zetteln. Möglichkeiten, wie du Aufgaben aus mehreren Bereichen gut auf deinem Board unterbringst, findest du im Kapitel *So integrierst du Kopf-frei in deinen Alltag*. Doch bevor du dich den Feinheiten widmest, empfehle ich dir, erst einmal hier mit den Schritten weiterzumachen und dir das Grundprinzip anzueignen.

Du legst jetzt die umformulierte Aufgabe in der Spalte To-do ab. Damit ist Schritt drei beendet.

Nach Schritt zwei und drei kannst du erst einmal pausieren. Um dir einen Überblick zu verschaffen, kannst du also immer dein Sammelbecken durchsortieren, die Aufgaben umformulieren und in der To-do-Spalte ablegen, ohne dass du gleich im Anschluss eine Aufgabe erledigen musst. Falls du allerdings ein weiteres Zeitfenster zur Verfügung hast, kannst du direkt zu Schritt vier übergehen.

MEIN TIPP

Dreimal täglich: Dein Weg zu effektiver Selbstorganisation!

Sammle fortwährend deine Aufgaben und mache Schritt zwei und Schritt drei täglich mindestens einmal, besser noch dreimal. Denn auf diese Art und Weise kommt wirklich alles aus deinem Kopf raus und du spürst das Gefühl, die Aufgaben im Griff zu haben (viel besser, als dass die Aufgaben dich im Griff haben). Du kannst durch die Regel, dreimal am Tag auf das Board zu schauen, dein Gefühl der Selbstbestimmung stärken. Klingt aufwendig? Ist es nur zu Beginn. Wenn die Kopf-frei-Methode zur Routine geworden ist, dauern Schritt zwei und Schritt drei nur wenige Minuten.

Ich persönlich schaue an meinen Bürotagen sehr viel öfter auf mein Kopf-frei-Board. Ich habe Trello immer geöffnet, werfe nach jeder erledigten Aufgabe einen Blick darauf und ziehe mir das nächste To-do.

Die Botschaft, die du dir bei Schritt drei merken kannst:

- Jede Karte auf deinem Kopf-frei-Board sollte ein Verb enthalten.
- Formuliere in Handlungsaufforderungen statt in Stichworten, um Klarheit und Fokus zu schaffen.
- Aus einer Karte im Sammelbecken können mehrere Karten in der To-do-Spalte entstehen.

SCHRITT VIER: ERLEDIGEN

Und jetzt geht es so richtig los! Denn bei Schritt vier geht es um das eigentliche Erledigen der Aufgabe. Wenn du alles durchsortiert und umformuliert hast und nun auch noch weiterhin ungestörte Zeit hast, um Dinge zu erledigen, dann ist jetzt der Moment, eine Aufgabe zu ziehen. Du wählst nun aus der To-do-Spalte eine Karte und ziehst sie in die Spalte Doing. So zeigt dir dein Kopf-frei-Board an, woran du gerade arbeitest.

Die Doing-Spalte dient dazu, deinem Gehirn zu signalisieren: bereit, fertig, los. Sie zeigt an, dass du jetzt an dieser einen Aufgabe arbeitest.

Der Vorteil ist: Wenn du unterbrochen wirst und im Anschluss zurückkommst, dann weißt du sofort, woran du gearbeitet hast. Auch das spart deinem Gehirn wieder Energie. Du musst dir nicht *merken*, wo du gerade warst, das Board *zeigt* es dir. Zusätzlich hilft dir die Doing-Spalte, deinen Fokus zu behalten. Denn in der Doing-Spalte hängt immer nur eine Karte. Du kannst zu einer Zeit aktiv immer nur eine Sache erledigen. Indem du dies sichtbar machst, vermeidest du Multitasking.

INSPIRATION

Singletasking ist Queen!

Multitasking beeinträchtigt deine Effizienz und die Qualität deiner Arbeit. Du wirst weniger produktiv. Durch das ständige Hin- und Herschalten zwischen Aufgaben verlierst du Zeit. Wenn du deine Aufmerksamkeit auf mehrere Aufgaben gleichzeitig richtest, entstehen schneller Fehler, weil du automatisch unaufmerksamer einer einzelnen Aufgabe gegenüber bist. Zudem kann Multitasking Stress verursachen und zu Anspannung und Erschöpfung führen.

Konzentriert und wirklich mit Fokus arbeiten kann dein Gehirn, wenn du Ablenkungen minimierst und dir einen ruhigen, ungestörten Arbeitsplatz schaffst. Um produktiv eine Aufgabe zu erledigen, empfehle ich, alles an Ablenkung auszuschalten. Bei einem Bürojob bedeutet es zum Beispiel, dein Outlook offline zu stellen oder zu schließen, alle Benachrichtigungen abzustellen (keine Töne, dass eine Mail eintrifft oder jemand in den Teams-

Chat geschrieben hat). Du kannst dein Telefon auf lautlos stellen. Und im Großraumbüro empfehlen sich manchmal Noise-Cancelling-Kopfhörer und Konzentrationsmusik, um sich von Gesprächen und Telefonaten anderer nicht ablenken zu lassen.

MEIN TIPP

Die Warten-auf-Rückmeldung-Spalte: Für To-dos in der Schwebe

Hast du viele To-dos, bei denen du auf eine Antwort wartest? Dann nutze die Warten-auf-Rückmeldung-Spalte. Sie ist dafür da, um Aufgaben, die du erledigt hast und die noch ein Feedback brauchen, zu parken, bis die erwartete Rückmeldung kommt.

Nehmen wir an, du hast ein berufliches Konzept fertiggestellt und wartest auf das Feedback deiner Chefin. Die Warten-auf-Rückmeldung-Spalte hilft dir, den Überblick zu behalten und bei Bedarf nachzuhaken. Oder denk an private Situationen, wenn du die Babysitterin angefragt hast und nun auf ihre Bestätigung wartest. Diese Spalte ermöglicht es dir, solche To-dos im Auge zu behalten.

Die Warten-auf-Rückmeldung-Spalte ist sowohl im beruflichen als auch im privaten Bereich eine große Hilfe. Sie hilft dir, den Fokus zu behalten und sicherzustellen, dass du keine wichtigen Rückmeldungen verpasst. Überlege dir, ob diese Spalte auf deinem Kopf-frei-Board Sinn ergibt. Falls nicht, lass sie weg und bleibe bei den Spalten Sammelbecken, To-do, Doing, Done.

Drei Botschaften, die du dir bei Schritt vier merken kannst:

- In der Doing-Spalte liegt immer nur eine Karte, um effektives Singletasking und Fokus zu gewährleisten.
- Die Doing-Spalte steht unter dem Motto »Bereit, fertig, los!« und fördert Produktivität durch gezielte Aufmerksamkeit.
- Für Aufgaben, bei denen eine Rückmeldung abgewartet werden muss, nutze eine extra Spalte mit der Bezeichnung *Warten auf Rückmeldung*.

So, nun hast du alles erfahren, was du wissen musst, um mit Fokus eine Aufgabe zu erledigen. Was danach passiert, erfährst du in Schritt fünf.

SCHRITT FÜNF: KARTE IN DONE ZIEHEN

Der letzte Schritt ist der schönste beziehungsweise der schnellste. Du hast jetzt deine Aufgabe erledigt und gehst wieder auf dein Kopf-frei-Board. Dort schaust du dir die Aufgabe an, an der du gerade gearbeitet hast und die noch in der Doing-Spalte liegt. Du stellst dir die Fragen: Ist die Aufgabe erledigt? Gibt es weitere Aufgaben, die daraus resultieren? Wenn die Aufgabe erledigt ist, ziehst du die Karte von der Doing-Spalte in die Done-Spalte. Sollten sich aus dieser Aufgabe weitere To-dos ergeben haben, speist du diese vorne in das Sammelbecken ein. Ist die neue Aufgabe etwas aufwendiger, bleibt sie im Sammelbecken, bis du erneut sortierst. Sind es kleine Aufgaben, die du direkt danach erledigen mochtest, kannst du sie durch eine »Fast Lane« sofort in deine Doing-Spalte verschieben und im nächsten Schritt erledigen. Manchmal ergibt es Sinn, solche

Aufgaben direkt zu erledigen, weil du eh gerade im Thema bist.

Wenn du eine Aufgabe von To-do in Done gezogen hast, ist der Moment gekommen, dir auf die Schulter zu klopfen und zu sagen: »Hast du gut gemacht!« Du darfst dir Anerkennung dafür schenken, dass du konzentriert an einer Aufgabe gearbeitet hast, die nun erledigt ist. Ganz nach dem Motto: Man muss sich selbst loben, sonst kommt man nicht nach oben. Indem du das zelebrierst, siehst du, was du tust, und lenkst den Fokus auf die Aufgaben, die du schon erledigt hast. Du bekommst das Gefühl, »Ich habe etwas geschafft«. Und dafür darfst du ruhig mal mit Konfetti schmeißen!

Zwei Botschaften, die du dir bei Schritt fünf merken kannst:

- Ziehe erledigte Aufgaben in die Done-Spalte, um den Abschluss einer Aufgabe zu visualisieren.
- Nutze Schritt fünf, um einen Moment innezuhalten und dich selbst für das Erreichte zu loben – feiere den Abschluss eines To-dos. Die Done-Spalte dient nicht nur der Organisation, sondern auch der Selbstanerkennung und Wertschätzung deiner geleisteten Arbeit.

Du hast jetzt die fünf Schritte ganz konkret kennengelernt. Um sie dir in einer kurzen Videoanleitung anzuschauen, geh auf *www.carolinhabekost.de/kopf-frei-buch*

DIE REVIEW: LERNE AUS DEINEN ERFAHRUNGEN UND OPTIMIERE DEIN VORGEHEN

Die Review findet einmal pro Woche zu einem festgelegten Termin statt. In der Review reflektierst du dein Vorgehen:

- Sollen alle Spalten genauso bleiben?
- Oder möchte ich eine Spalte hinzufügen oder wegnehmen?
- Wie viele Aufgaben habe ich bewältigt?
- Habe ich immer alle fünf Schritte umgesetzt?
- Waren meine Formulierungen immer konkret genug, also mit Verben formuliert?

Du hältst also inne und reflektierst deine Woche und deine Arbeitsweise. Hilfreich ist, die Review am Ende der Woche zum Beispiel freitags in den letzten 15 Minuten deiner Erwerbstätigkeit als festen Termin zu planen. Oder Sonntagabend, wenn dein Kind im Bett ist und du die Woche gedanklich abschließt. Es gibt hier kein Richtig oder Falsch. Du kannst die Review auch montagmorgens machen. Wichtig ist ein fester Termin einmal wöchentlich. Plane am Anfang 30 Minuten dafür ein, im Laufe der Zeit solltest du in etwa zehn bis 15 Minuten damit durch sein.

Schaffe passende Voraussetzungen für deine Review: Halte dein Board parat, habe das Sammelbecken geleert und nutze ein Zeitfenster, in dem du ungestört bist. Dann schau dein komplettes Kopf-frei-Board durch. Einige Anregungen, aus denen du auswählen kannst, um zu reflektieren, findest du am Ende dieses Kapitels. Du kannst deine Fragen variieren oder dir immer die gleichen stellen. An sich solltest du dir grundlegend immer folgende Punkte beantworten:

- Wie lief meine Woche?
- Möchte ich für die kommende Woche etwas anpassen?
- Gibt es einen Bereich, in dem ich für die kommende Woche Hilfe anfordern möchte?

WISSEN

Von Scrum lernen: Die Rolle der Review im Arbeitszyklus

Die Review ist in der agilen Welt ein wichtiger Bestandteil von Frameworks wie Scrum. Ein Framework ist ein Rahmen für Prozesse und Arbeitsweisen, innerhalb dessen Teams effizienter und zielgerichteter arbeiten können. Frameworks legen bestimmte Prinzipien und Praktiken fest, die die Zusammenarbeit, Flexibilität und kontinuierliche Verbesserung fördern. Sie bieten ein strukturiertes Vorgehen. Im Scrum-Framework handelt es sich um ein regelmäßiges Treffen, das am Ende eines Arbeitszyklus, eines Sprints, stattfindet. In dieser Review werden die im Sprint entwickelten und fertiggestellten Inhalte präsentiert und bewertet. Die Review ist ein interaktiver Prozess, bei dem das Team seine Arbeit präsentiert und auf Fragen und Feedback reagiert. Review heißt übersetzt so viel wie »Überprüfung«, »Rückblick«.

Die Review ist der Moment, in dem du nicht nur reflektierst, sondern auch anpasst. Vielleicht hast du dich entschieden, ein berufliches und ein privates Board zu führen (mehr dazu erfährst du gleich im Kapitel »Private und berufliche To-dos geschickt kombinieren«), und merkst jetzt, dass es dir zu viel ist, mit zwei Boards zu arbeiten. Jetzt entscheidest du dich, fortan nur noch mit einem Board zu arbeiten, oder du beschließt, eine Spalte hinzuzufügen, wie zum Beispiel die Spalte *To-do Weihnachtsvorbereitung*, weil zum Ende des Jahres viele Aufgaben aufkommen, die du für einen gewissen Zeitraum in dieser ganz speziellen Spalte sammeln möchtest. Egal, was du veränderst, du solltest in der folgenden Review auch genau diese Entscheidung wieder reflektieren und überlegen, ob du erneut variieren möchtest. Auf diese Art und Weise kannst du Dinge immer wieder ausprobieren und anpassen. In der agilen Welt nennen wir das *Inspect and Adapt*.

Solltest du dich für die Spalte *Warten auf Rückmeldung* entschieden haben, ist die Review der Moment, in der du diese durchgehst und dich fragst:

- Habe ich zu diesem To-do eine Rückmeldung erhalten?
- Nein? Möchte ich jetzt nachhaken oder kann das noch eine Woche warten?

Solltest du bereits Rückmeldung bekommen haben, würdest du die Karte aus der Warten-auf-Rückmeldung-Spalte in Done ziehen. Wenn sich neue To-dos aus der Rückmeldung ergeben, kommen diese ins Sammelbecken.

WISSEN

Inspect and Adapt verstehen

Inspect and Adapt bezieht sich auf die Fähigkeit, flexibel auf sich verändernde Anforderungen oder Gegebenheiten zu reagieren. Es kann mit »Prüfen und Anpassen« übersetzt werden. In agilen Methoden und Vorgehensweisen wie zum

Beispiel Scrum wird dieses Prinzip angewendet. *Inspect and Adapt* bedeutet, dass du kontinuierlich verbesserst. Dies geschieht durch Feedbackschleifen und das Variieren von einzelnen Aspekten. Du reflektierst also, prüfst ein Vorgehen und passt es dann an. Dann probierst du das angepasste Vorgehen aus, und im Anschluss prüfst du wieder und passt gegebenenfalls erneut an.

Dieses Vorgehen ist genau das, was agiles Selbstmanagement ausmacht. Agil steht für Wendigkeit und Anpassungsfähigkeit. Dein Kopf-frei-Board darf sich immer wieder verändern, und das sollte es auch. Denn dein Leben bleibt nicht gleich, und das Kopf-frei-Board sollte sich mitentwickeln. Mein Kopf-frei-Board hat sich vor allem immer dann verändert, wenn es im Außen große Veränderungen gab. Zum Beispiel, als ich in eine neue Anstellung gewechselt bin oder wenn mir innerhalb meiner Anstellung ein neuer Kunde zugeordnet wurde. Als ich in Elternzeit gegangen bin, habe ich mein Board angepasst, genauso wie beim Wiedereinstieg. In meiner jetzigen Selbstständigkeit passt sich mein Board letztendlich mit jedem Projektzyklus an. Wenn ich einen Onlinekurs live durchführe, gibt es mindestens eine Spalte mehr. Wenn dieser Kurs beendet ist, entferne ich die Spalte wieder.

Leg einfach los, mach es spielerisch. Nicht lange überlegen und grübeln, sondern ausprobieren, prüfen, anpassen und wieder ausprobieren.

INSPIRATION

Mach es konkret: Trage dein Review-Datum ein!

Am besten überlege dir jetzt sofort, wann du deine Review machen möchtest. Trage den Termin in deinen Kalender ein, und schon kann es für dich losgehen.

MEIN TIPP

Regelmäßigkeit zahlt sich aus

Wenn du die fünf Schritte der Kopf-frei-Methode täglich durchführst, werden sie ein wesentlicher Teil deiner Routine. Die wöchentliche Review hilft dir, deinen optimalen Arbeitsfluss zu finden und zu festigen. In der Regel solltest du die Review wöchentlich durchführen, um die besten Ergebnisse zu erzielen. Theoretisch ist es nach längerem Nutzen der Kopf-frei-Methode auch möglich, deine Review nur einmal im Monat zu machen.

Die regelmäßige und gewissenhafte Durchführung der wöchentlichen Review ist entscheidend für den Erfolg der Methode. Viele Teilnehmerinnen meines Onlinekurses *Mission: Kopf-frei! Wie du mehr erledigst und weniger machst!* haben festgestellt, dass die kontinuierliche Überprüfung und Anpassung des Boards an die eigenen Bedürfnisse und Umstände wesentlich zur Effizienz beiträgt. Diese wöchentliche Reflexion sorgt dafür, dass dein Board übersichtlich bleibt und du motiviert bleibst, indem du aus deinen Erfahrungen lernst. Ein effizienter Workflow, der durch die konsequente Durchführung der Review unterstützt wird, ist ein Schlüssel zum langfristigen Erfolg und zur optimalen Nutzung deiner Zeit.

Reflexion leicht gemacht: Diese Fragen helfen dir bei der Review

- Wie hat es sich angefühlt, mit dem Board zu arbeiten?
- Habe ich täglich mehrfach die fünf Schritte durchlaufen?
- Habe ich immer und überall gesammelt? Hatte ich mein Sammelbecken immer dabei?
- Waren meine Formulierungen klar und beim Wechsel in die To-do-Spalte mit einem Verb formuliert?
- Habe ich konkrete Handlungsschritte formuliert?
- Habe ich die Aufgaben in handhabbare Arbeitsschritte eingeteilt?
- Ist die Einteilung der Spalten sinnvoll?
- Brauche ich noch eine Spalte mehr? Oder sollte ich eine Spalte reduzieren?
- Wie viele Aufgaben haben mein Board diese Woche durchlaufen?
- Wie viele Aufgaben liegen in der To-do-Spalte? Ist das machbar für mich? Sollte ich etwas abgeben/delegieren oder die Aufgabe aussortieren?
- Habe ich grundsätzlich zu viele Aufgaben? Wenn ja, überlege dir, wie du reduzieren kannst.
- Habe ich Aufgaben immer von links nach rechts gezogen? Oder musste ich umplanen und Dinge zurückschieben (sprich von rechts nach links)? Warum das wichtig ist, erkläre ich später noch genauer (im Kapitel »Das Von-links-nach-rechts-Prinzip«).
- Habe ich mehr oder weniger geschafft als letzte Woche?
- War es eine »normale« Woche oder waren Ferien, war das Kind krank oder herrschte eine besonders hohe Belastung am Arbeitsplatz?

- Bin ich zufrieden mit dem, was ich geschafft habe?
- Habe ich mich selbst schon für alles, was ich erledigt habe, wertgeschätzt? Lobe dich für alles, was du geschafft hast!
- Bin ich mit meiner inneren Haltung zufrieden? Oder habe ich Glaubenssätze, die mich behindern (beispielsweise »Ich hätte mehr schaffen müssen!«)? Wie du deinen Glaubenssätzen auf die Spur kommst, liest du im Kapitel *Wie dein Mindset Kopf-frei unterstützt*.
- Wie fühlt sich der Umgang mit dem Board an?
- Wie habe ich mich innerlich gefühlt?
- Wie habe ich letzte Woche geschlafen?
- Wie viel Me-Time wollte ich mir nehmen und wie viel habe ich mir genommen?
- Falls du sie eingerichtet hast: Sieh dir deine Irgendwann-vielleicht-Spalte für Projekte an, die noch warten können (mehr zu dieser Spalte erfährst du im Kapitel *Gedanken, Ideen, Projekte, Partnerschaft*). Ist die Spalte noch aktuell?
- Was möchtest du kommende Woche ausprobieren? Was möchtest du in deinem Board anpassen?
- Sind alle Labels passend verwendet? Möchtest du welche einführen oder löschen?

SO *integrierst* DU KOPF-FREI *in deinen* ALLTAG

Wow, du hast es geschafft – alle Schritte der Kopf-frei-Methode sind nun in deinem Repertoire. Das verdient definitiv ein Schulterklopfen! Jetzt wird es Zeit, die Kopf-frei-Methode wirklich zu einem festen Bestandteil deines Alltags zu machen.

WIE OFT MACHE ICH WELCHEN SCHRITT?

Schritt eins, das Sammeln, geschieht immer und überall. Das heißt, du sammelst am Tag unendlich viel. Oft ist es zu Anfang sehr viel und wird mit der Zeit weniger. Mal trägst du zwei Sachen am Tag ins Sammelbecken, mal sind es 35.

Die Schritte zwei, das Durchgehen, und drei, das Formulieren und Ablegen, empfehle ich dir ein- bis dreimal am Tag zu tun. Wenn du erwerbstätig bist, bietet es sich an, diese Schritte immer zu Beginn und am Ende deines Arbeitstags zu durchlaufen.

Wie häufig du Dinge erledigst, also Schritt vier umsetzt, ist ganz dir überlassen. Wenn du täglich erwerbstätig bist, dann wirst du täglich Schritt vier machen. Wenn du in Elternzeit bist und auch deine privaten To-dos und Haushalts-To-dos über das Board laufen, dann wirst auch du Schritt vier täglich umsetzen.

Es kann durchaus sein, dass du auch mal Tage hast, an denen du nichts erledigst und die Doing-Spalte leer bleibt. Sobald du aber etwas erledigt hast, solltest du immer auch Schritt fünf erledigen, also eine Karte in Done ziehen.

MEIN TIPP

Check täglich dein Kopf-frei-Board!

Integriere dein Kopf-frei-Board in deine tägliche Routine! Eine gute Methode ist es, deine Erwerbsarbeit mit diesem Ritual zu beginnen. Das Erste, was du an deinem Arbeitsplatz machst, sind die Schritte eins bis drei: Du öffnest dein Kopf-frei-Board, fügst alle To-dos, die dir noch im Kopf herumschwirren, ins Sammelbecken ein und machst dich dann an das Durchsortieren und Umformulieren. Sobald dein Kopf-frei-Board aktualisiert ist, wirf einen Blick in deinen Kalender, um zu sehen, was als Nächstes ansteht: Ein Meeting? Oder kannst du direkt mit deinem ersten To-do starten?

Ebenso kannst du am Ende deines Arbeitstages das Board durchsehen und den Tag mit einem aufgeräumten Sammelbecken abschließen. Diese Praxis kann als nützliches Übergangsritual dienen. Die Vorteile:

- Du trennst bewusst die Fürsorgearbeit vom Beginn deiner Erwerbsarbeit und legst am Ende des Tages beziehungsweise deiner Erwerbsarbeitszeit einen klaren Abschluss fest.
- Deine Produktivität wird gesteigert, indem du deinem Gehirn deutlich signalisierst, was ansteht. So schaffst du Fokus und Klarheit.

Diese Routine lässt sich nahtlos in Tage ohne Erwerbsarbeit oder in die Elternzeit integrieren. Eine gute Gelegenheit bietet sich beispielsweise direkt nach dem Frühstück oder während des ersten Schläfchens deines Kindes. Ebenso kannst du am Abend, wenn deine Kinder bereits im Bett sind, eine Zeit für diesen Check einplanen. So schließt du deinen Tag strukturiert und mit Fokus ab. Indem du einen Blick auf das wirfst, was du in der Done-Spalte erreicht hast, gehst du mit einem entlasteten Kopf und einem Gefühl der Erfüllung ins Bett.

Überlege dir jetzt, wann du deine eigene Routine zum regelmäßigen Check deines Kopf-frei-Boards etablieren willst.

PRIVATE UND BERUFLICHE TO-DOS GESCHICKT KOMBINIEREN

In diesem Kapitel zeige ich dir nun, wie die konkrete Anwendung der Kopf-frei-Methode und kleine, aber feine Details noch mehr Magie in dein Selbstmanagement bringen.

Diese Variationen sind hilfreich, wenn du sowohl berufliche als auch private To-dos mit der Kopf-frei-Methode bearbeiten willst. Du kannst Aufgaben aus beiden Lebensbereichen effektiv auf deinem Kopf-frei-Board organisieren. Dafür stehen dir drei Möglichkeiten zur Verfügung:

1. Farbige Labels
2. Zwei To-do-Spalten
3. Zwei Kopf-frei-Boards

Farbige Labels

Die Variante mit zwei Labels kennst du schon, ich habe sie im Schritt eins des Kapitels *Der grundlegende Flow: Die fünf plus eins Schritte zur effektiven Umsetzung* vorgestellt. Nach dem Umformulieren in Schritt drei setzt du in deinem digitalen Tool beim Ablegen der Karte ein farbiges Label. Wenn du analog arbeitest, wählst du eine andere Farbe für deinen Klebezettel.

Du legst in diesem Fall alle Karten in *eine* To-do-Spalte, in der alle Aufgaben, egal aus welchem Lebensbereich, enthalten sind.

Die Nachteile: Die Spalte wird bei den meisten sehr, sehr voll sein. Dann fehlt die Übersicht. Auch kann es herausfordernd sein, den Fokus zu behalten. Wenn du gerade private To-dos abarbeitest und du siehst, was beruflich noch alles ansteht, kann das belastend sein.

Die Vorteile: Du hast ein schlankes Kopf-frei-Board mit einer übersichtlichen Spaltenanzahl. Diese Variante passt dann gut, wenn du insgesamt wenig To-dos hast (haha, trifft das auf überhaupt jemanden zu, der dieses Buch liest?) oder wenn du in einem Lebensbereich deutlich weniger To-dos hast als in einem anderen.

Ein Beispiel dafür: Wenn du aktuell in Elternzeit bist und mit drei Stunden die Woche Teilzeit in Elternzeit erwerbsarbei-

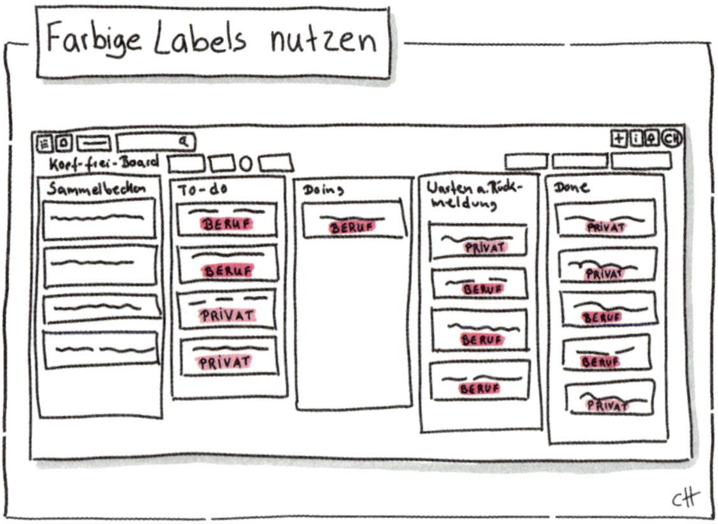

test, dann fallen beruflich vielleicht nur drei bis vier To-dos an, die du sammelst.

Zwei To-do-Spalten

Wenn das Sammeln aller To-dos in einer Spalte keine gute Lösung für dich ist, gibt es noch einen anderen Weg: Du kannst auf deinem Kopf-frei-Board zwei To-do-Spalten führen. Das Board könnte dann so aussehen: Sammelbecken, private To-dos, berufliche To-dos, Doing, Warten auf Rückmeldung und Done. Du sammelst weiterhin alle To-dos im Sammelbecken. Und bei Schritt zwei und drei legst du die Karten entweder in die Spalte private To-dos oder berufliche To-dos ab.

Und so gehst du dann vor: Wenn du Aufgaben im beruflichen Kontext abarbeitest, ziehst du sie aus der Spalte für berufliche To-dos. Wenn du Aufgaben im privaten Kontext bearbeitest, dann ziehst du sie dir aus der Spalte für private To-dos.

Da du ja Singletasking machst, kann immer nur ein To-do in der Doing-Spalte hängen. Solltest du mit einer Art Warten-auf-Rückmeldung-Spalte arbeiten, kannst du diese für beide Lebensbereiche nutzen. Du könntest zur Übersicht zusätzlich mit farbigen Labels arbeiten – musst du aber nicht.

Die Nachteile: Dein Kopf-frei-Board wird breiter. Du hast dann mindestens fünf Spalten, mit der Warten-auf-Rückmeldung-Spalte sogar sechs. Je nach Endgerät passt das Board dann nicht mehr auf einen Bildschirm und du hast nicht alles auf einmal im Blick. Zusätzlich kann die Menge erschlagend wirken. Auch siehst du weiterhin berufliche und private Aufgaben zusammen. Wenn du diese Lebensbereiche strikt trennen willst, könnte das störend sein.

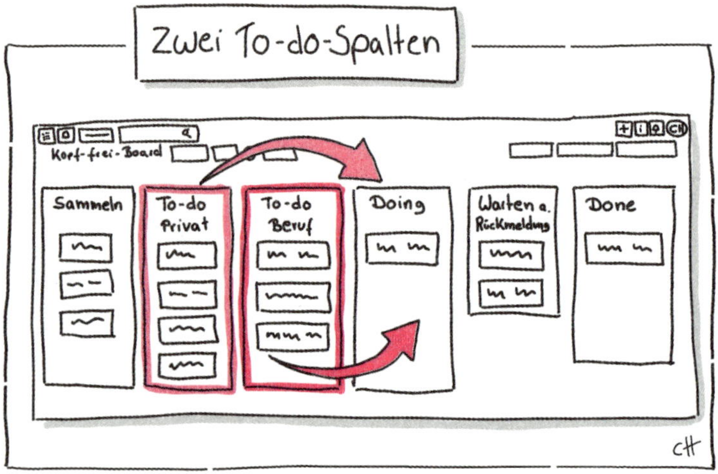

Die Vorteile: Du hast weiterhin alles an einem Ort, was es einfach macht. Und gleichzeitig hast du einen guten Überblick für die beiden großen Lebensbereiche Beruf und Privatleben.

Diese Variante passt dann gut, wenn du es gerne einfach und dennoch übersichtlich haben möchtest. Und sie passt gut, wenn du in beiden Lebensbereichen eine vergleichbare Menge an Aufgaben hast.

Zwei Kopf-frei-Boards

Du kannst dir auch überlegen, zwei Kopf-frei-Boards zu erstellen: ein Board mit privaten To-dos und eins mit beruflichen To-dos. Aber Achtung! Sammeln solltest du deine Aufgaben weiterhin alle an einem Ort. Es darf nicht zwei Sammelbecken geben, sonst verlierst du den großen Vorteil der Kopf-frei-Methode und die Gefahr der Verzettelung steigt wieder. Deswegen brauchst du dann genau genommen nicht zwei Kopf-frei-Boards, sondern drei: ein Sammelboard, ein berufliches Board und ein privates Board.

Praktisch sieht das dann so aus, dass auf dem Sammelboard nur eine Spalte existiert, und zwar das Sammelbecken. Die anderen beiden Boards enthalten dann jeweils nur die Spalten To-do, Doing, Warten auf Rückmeldung und Done. Das bedeutet, dass du bei Schritt zwei und drei deine gesammelten Aufgaben auf die entsprechenden Boards verschieben musst.

Die Nachteile: Das Verschieben der To-dos vom Sammelboard zu den entsprechenden anderen Kopf-frei-Boards ist im Digitalen aufwendig. Bei Trello sind es zum Beispiel fünf Klicks, bis eine Karte in die passende To-do-Spalte gesetzt ist. Auch sind mehrere Boards weniger übersichtlich. Du siehst eben nicht mehr alles auf einen Blick, sondern erst auf drei Blicke. Auch passieren schneller Fehler, wenn sich eine Karte verirrt, weil du sie versehentlich auf das falsche Board geschoben hast.

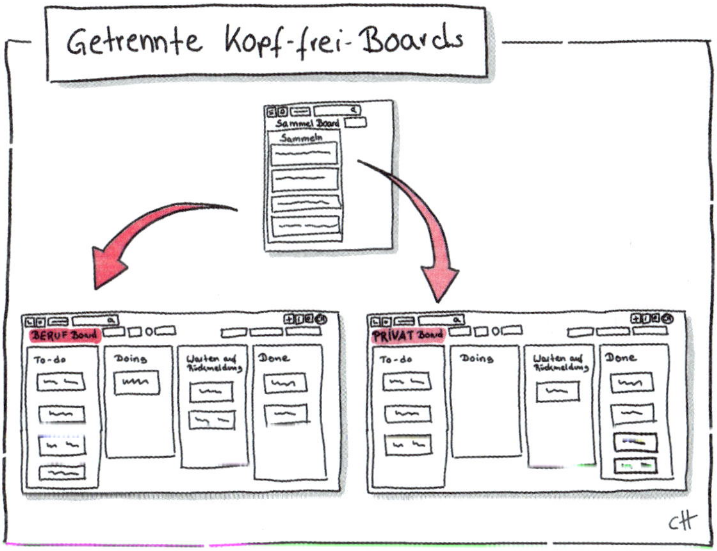

Die Vorteile: Du kannst die Lebensbereiche wunderbar trennen. Wenn du bei deiner Erwerbsarbeit bist, hast du nur die beruflichen Aufgaben im Blick. Das hilft, dort fokussiert zu sein, wo du gerade bist, und dich nicht ablenken zu lassen. Ein weiterer Vorteil ist die Übersichtlichkeit der einzelnen Boards. Auf jedem von ihnen ist einfach weniger los, weil du die Gesamtheit der Aufgaben verteilt hast. Und weniger To-dos auf einem Board fühlen sich für viele freier und luftiger an.

Diese Variante passt zu dir, wenn du der Typ bist, der Beruf und Privatleben gerne trennt. Hilfreich ist sie auch, wenn du zum Beispiel im Beruf mehrere Projekte jonglieren musst. Du kannst sie farblich labeln oder in mehreren Spalten organisieren. Dein berufliches Kopf-frei-Board sieht dann vielleicht so aus: To-do-Allgemein, To-do-Projekt 1, To-do-Projekt 2, Doing und Done.

MEIN TIPP

Flexibel bleiben:
Das Kopf-frei-Board an Lebensphasen anpassen

Wähle deine Variante passend zu deiner Lebenssituation und passe sie an, sobald sich dort etwas verändert. Ich habe in meiner Anstellung als Agile Coach damals mit zwei Boards gearbeitet. Das war super, denn ich habe in dieser Phase stark zwischen Beruf und Privatleben getrennt, vor allem in Hinblick auf meine Zeiteinteilung. Im Job betreute ich drei Kundenprojekte gleichzeitig und hatte entsprechend auch mein berufliches Board unterteilt.

Als ich in Elternzeit war, hatte ich dagegen nur ein Board mit einer To-do-Spalte. Ich betrieb damals zwar schon nebenberuflich mein Onlinebusiness *Finde dein Mama-Konzept*, hatte hier aber verhältnismäßig wenige To-dos. Die habe ich einfach farbig gelabelt. Als ich dann später immer mehr Zeit in meine Selbstständigkeit investiert habe, habe ich eine To-do-Beruf-Spalte erstellt. Du siehst, vieles ist möglich. Passe dein Kopf-frei-Board an deine Bedürfnisse an. Mach es nicht andersherum, indem du dich einem vorgegebenen System anpasst. Dein Kopf-frei-Board ist für dich da, damit du stärker nach deinen Vorstellungen leben kannst!

VERLEIHE DEINEM KOPF-FREI-BOARD EINE PERSÖNLICHE NOTE

Nachdem du nun den Workflow der Kopf-frei-Methode kennst, ist dies der perfekte Zeitpunkt, um dein Kopf-frei-Board individuell zu gestalten und es zu etwas Besonderem zu machen. Dein Kopf-frei-Board darf deine Persönlichkeit widerspiegeln und dir Freude bei der Nutzung bereiten.

Bist du ein Fan von Emojis? Wunderbar! Nutze sie, um deinem Board Leben einzuhauchen. Beispielsweise könntest du Haushalts-To-dos mit dem 🏠-Emoji kennzeichnen, während Aufgaben, die deine Kinder betreffen, das 👶-Emoji erhalten könnten. Denk darüber nach, welche Kategorien dir helfen, den Überblick zu behalten und dir zugleich Freude beim Betrachten schenken. Emojis können sogar in den Titeln der Spalten ihren Platz finden, wie etwa das 🚀-Emoji bei Doing, um deine Power beim Erledigen der Aufgaben zu symbolisieren.

Interessante Effekte können ebenfalls durch Emojis erzielt werden. Bei Tools wie Trello beispielsweise sorgt das 🎉-Party-Emoji in der Done-Spalte für digitales Konfetti, was dich motivieren kann. Sobald du eine Karte dorthin ziehst, wird das auf dem Bildschirm gefeiert!

Falls du weniger mit Emojis und mehr mit inspirierenden Sprüchen arbeitest, wie »Lass mal an mich selbst glauben«, »Better done than perfect«, »Alles ist möglich«, »Hakuna Matata« oder »Du bist, was du täglich tust«, kannst du auch diese in dein Board einbinden. Zum Beispiel:

- Schreibe dir einen dieser Sprüche in eine Spalte deines Boards.
- Erstelle ein individuelles Bild mit deinem Lieblingsspruch, wähle eine Farbe, die dir gefällt, und ergänze es mit Elementen wie goldenem Funkeln oder was auch immer dich anspricht. Lade dieses Bild dann als Grafik in eine Karte hoch, die du als ständige Dekoration in der entsprechenden Spalte platzierst.

Lass deiner Kreativität freien Lauf und finde deine eigene Sprache für dein Kopf-frei-Board. Ich erinnere mich an eine Teilnehmerin meines Onlinekurses *Mission: Kopf-frei! Wie du mehr erledigst und weniger machst!*, die ihre ganz persönliche Note einbrachte. Anstatt einfach Done zu schreiben, nannte sie ihre erledigten Aufgaben »Konfetti für erledigte Dinge« und fügte das Party-Emoji hinzu, um das digitale Konfetti zu aktivieren. Und ihre Doing-Spalte betitelte sie mit »Einfach machen«. Du siehst, die Möglichkeiten sind endlos. Gestalte dein Kopf-frei-Board nach deinem Geschmack und mach es zu etwas ganz Besonderem, das dich motiviert und inspiriert.

Individueller Look: Dein Board mit Canva-Grafiken aufpeppen

Hast du Lust, dein Kopf-frei-Board mit selbst gemachten Grafiken zu verschönern? Dann ist canva.com eine gute Option. Canva ist eine einfach zu bedienende Design-Webseite, mit der du ohne viele Vorkenntnisse tolle Grafiken zaubern kannst. Du kannst dort deine Lieblingsfarben aussuchen, Sprüche hinzufügen und allerlei schicke Sachen wie kleine Icons oder Bilder einbauen. Besonders geeignet für Sprüche und Motivationssätze, die du auf deinem Board haben möchtest. Probier es aus und mach dein Kopf-frei-Board noch persönlicher und bunter!

In den digitalen Tools kannst du dein Hintergrundbild aussuchen. Hier hast du viele Möglichkeiten: von Familienfotos bis zu saisonalen Bildern wie Ostermotiven oder weihnachtlichen Adventsbildern. Such dir das Bild als Hintergrund aus, das dich zum Lächeln bringt.

Für analoge Boards kannst du dich kreativ austoben: Wähle Klebezettel, die dir Spaß machen – es gibt sie in unterschiedlichen Formaten und Materialien, von klassisch klebend bis hin zu elektrostatisch haftenden Varianten, die sich ohne Rückstände ablösen lassen. Dekoriere dein Board mit motivierenden Postkarten, Fotos und mehr.

MEIN TIPP

Gestalte dein Kopf-frei-Board mit Spaß

Wenn du ein digitales Tool für dein Kopf-frei-Board gewählt hast, entdecke die vielfältigen technischen Features. Schau nach speziellen Tipps und Tricks für dein Tool, experimentiere mit Titelbildern als Karten, Konfetti-Party-Effekten, Stickern und Emoji-Reaktionen. Jedes Tool bietet einzigartige Gestaltungsmöglichkeiten – lass dich davon inspirieren und gestalte dein Kopf-frei-Board ganz nach deinem Geschmack.

Bist du eher Typ Minimalistin? Dann lass die Spielereien weg, nutze die Spalten und fertig.

DIE *Kopf-frei-* PRINZIPIEN

Bist du bereit, in die nächste Ebene der Verfeinerung deines Boards einzutauchen? Ich habe noch so viel für dich auf Lager!

In diesem Kapitel erfährst du, wie du die bereits erlernten Fähigkeiten weiter ausbauen und vertiefen kannst. Wir werden uns mit fortgeschrittenen Techniken und Prinzipien befassen, die deinen Alltag als berufstätige Mutter, als Organisationstalent oder als Meisterin der Effizienz zusätzlich bereichern werden. Du wirst lernen, wie kleine Anpassungen in deiner Routine große Wirkungen erzielen können und wie du deine neu erworbenen Fähigkeiten noch effektiver einsetzt.

DAS SOFORT-UMSETZEN-PRINZIP

Bisher sammelst du alle To-dos in deinem Sammelbecken. Jetzt kommt die Ausnahme: Du sammelst alle Aufgaben in deinem Sammelbecken, nur nicht die To-dos, die weniger als zwei Minuten dauern. Das Sofort-umsetzen-Prinzip besagt, dass du alle Aufgaben sofort erledigst, wenn es in deinem Arbeitsablauf weniger als zwei Minuten dauert, sie abzuarbeiten. Du schreibst sie nicht auf, sie kommen nicht in dein Sammelbecken, sondern du erledigst sie sofort. Warum? Weil die Aufgabe so kurz ist, dass es nicht effizient wäre, sie aufzuschreiben. In der Zeit, in der du sie notiert hättest, wäre sie schon erledigt. Also machst du sie sofort.

Was sind typische Sofort-umsetzen-Aufgaben im privaten Alltag?

- Smartphone-Nachrichten: Kommt auf deinem Smartphone eine Nachricht an, insbesondere bei einfachen Ja- oder Nein-

Fragen, antworte sofort. Lesen, entscheiden und antworten erfolgt direkt und ohne Verzögerung. Voraussetzung: Du schaust zu bestimmten Zeiten bewusst auf dein Smartphone, ohne dass dies etwa deinen konzentrierten Workflow bei einem wichtigen Projekt stört. Damit ist also nicht gemeint, bei jedem Signalton das Gerät in die Hand zu nehmen und zu reagieren.

- Schulformulare des Kindes: Wenn dein Kind mit Formularen oder Mitteilungen von der Schule heimkommt, die eine Unterschrift erfordern, unterschreibst du sofort, um Verzögerungen zu vermeiden.
- Einkaufsliste aktualisieren: Sobald auffällt, dass zu Hause etwas fehlt, wie beispielsweise Brot, setzt du dieses Lebensmittel umgehend auf die Einkaufsliste.
- kurze Telefonate: Ein kurzes Telefonat, das nur eine schnelle Bestätigung oder Absprache erfordert, solltest du ebenfalls sofort erledigen.
- E-Mails schnell beantworten, wenn du ohnehin im Postfach bist: Einfache E-Mails, die nur eine kurze Antwort benötigen, bearbeitest du sofort und schickst sie ab.
- kleine Haushaltsaufgaben: zum Beispiel Geschirr in die Spülmaschine räumen oder einen Tisch abwischen
- Post sortieren: eingehende Post kurz durchsehen und entscheiden, ob etwas wichtig ist oder sofort weggeworfen werden kann
- Pflanzen gießen: eine einzelne Pflanze, die trocken aussieht, rasch gießen
- schnelle Terminkontrolle: einen Blick in den Kalender werfen, um den Tag zu überprüfen oder einen nahenden Termin zu bestätigen

Smartphone-Management: So behältst du die Kontrolle

Für viele ist es eine Herausforderung, das Smartphone nicht ständig in der Hand zu halten und sich davon ablenken zu lassen. Oftmals verschwenden wir so viel Zeit, was nachvollziehbar ist, da viele Apps so konzipiert sind, dass sie süchtig machen können. Doch letztlich hast du die Wahl, ob du dich von deinem Smartphone unterbrechen lässt oder nicht.

Wie gehe ich mit dem Smartphone um? Mein Smartphone ist grundsätzlich auf lautlos gestellt, und ich habe die meisten Benachrichtigungen deaktiviert – beispielsweise für E-Mails, Instagram, Amazon, Bank-Apps und Apps für Onlinekurse. Aktiviert sind nur Benachrichtigungen von ausgewählten WhatsApp-Kontakten (zum Beispiel meinem Mann und unserem ältesten Kind, da die jüngeren noch kein Smartphone haben) und für Geldeingänge. So sind bei mir die meisten WhatsApp-Chats dauerhaft stummgeschaltet, und ich checke sie mehrmals täglich gezielt. Indem ich Nachrichten gebündelt beantworte, spare ich Zeit und lasse mich nicht ablenken.

Während der Arbeitszeit nutze ich zudem die Einstellung »Fokus-Zeit« meines Smartphones, um gar keine Benachrichtigungen zu erhalten. Das unterstützt mich dabei, den Fokus bei einer Aufgabe zu bewahren.

Unsere Kontaktnummer für den Kindergarten und die Schulen ist unsere Festnetznummer, sodass mein Mann oder ich meistens erreichbar sind.

Dieser Ansatz funktioniert bestens für mich, muss aber nicht zwingend auch für dich der Richtige sein. Hier einige Impulsfragen, die dir helfen können, deinen eigenen Umgang mit dem Smartphone zu reflektieren:

- Nutze ich mein Smartphone bewusst, wann ich möchte, oder kommt es mir so vor, als würde mein Smartphone »mich rufen«?
- Welche Benachrichtigungen und Klingeltöne möchte ich jederzeit erhalten? Auf welche kann ich verzichten?
- Welche Smartphone-Funktionen könnten mir helfen (z. B. Überwachung der Bildschirmzeit oder Fokus-Modus)?

Zusätzlich kannst du dich fragen:

- Wie oft und in welchen Situationen greife ich reflexartig zum Smartphone?
- Gibt es Apps, die ich weniger nutzen möchte oder deren Zugriff ich beschränken sollte, um produktiver zu sein?
- Inwieweit beeinflusst die Nutzung meines Smartphones meine Beziehungen und meine Präsenz im Moment?
- Welche Routinen kann ich etablieren, um bewusster mit meinem Smartphone umzugehen, zum Beispiel feste Zeiten ohne Smartphone oder bestimmte Digital-Detox-Phasen?
- Wie kann ich mein Smartphone so einrichten, dass es meine Produktivität unterstützt und nicht stört?

Viele Mütter in meiner Community haben sich für einen bewussten Umgang mit dem Smartphone entschieden. Sie schalten zunächst alle Benachrichtigungen aus und lassen nur Anrufe und Nachrichten von einem Messengerdienst durch. Manche probieren auch aus, das Smartphone gezielt nicht mit in bestimmte Räume wie den Garten zu nehmen und stattdessen einen festen Platz dafür einzurichten, beispielsweise einen »Smartphone-Parkplatz« in der Küche. Es lohnt sich, unterschiedliche Ansätze auszuprobieren! Das Wichtigste dabei ist: Du triffst die Entscheidungen – nicht dein Smartphone!

Das Sofort-umsetzen-Prinzip im Berufsalltag

Typische Aufgaben sind hier:

- sofortige Beantwortung von Nachrichten oder E-Mails, sofern diese in weniger als zwei Minuten erledigt werden können
- Bestätigung von Terminen, sobald die Anfrage eingeht
- Aktualisierung von Dokumenten mit kleinen Änderungen oder Korrekturen
- Versenden von kurzen Statusmeldungen oder Updates an das Team oder Vorgesetzte
- Hinzufügen von wichtigen Informationen zu einem Projekt oder einer Aufgabenliste
- kurze Rückmeldungen oder Feedbacks zu Arbeitsdokumenten oder -präsentationen geben
- schnelle Bestellungen von Büromaterial oder anderen benötigten Arbeitsmitteln
- kurzes Setzen oder Aktualisieren von Terminerinnerungen im Kalender
- Überfliegen und Sortieren der Eingangspost oder digitalen Nachrichten, um Prioritäten zu setzen
- kleine organisatorische Aufgaben, wie das Aufräumen des Schreibtisches oder das Ordnen von digitalen Dateien

Das Sofort-umsetzen-Prinzip ist großartig, um kleine Aufgaben, die schnell zu erledigen sind, direkt zu bewältigen, anstatt zu prokrastinieren. Dieses Prinzip fördert die Organisation und Effizienz im Alltag. Besonders nützlich ist es, wenn dir im Alltag viele kurze Aufgaben begegnen, aber auch, wenn du dazu neigst, Dinge aufzuschieben. Durch das sofortige Erledigen kleiner Aufgaben bleibt dein Sammelbecken überschaubar, was Stress reduziert und dir hilft, den Überblick zu behalten. So steigerst du deine Produktivität und kannst dich auf wichtigere Projekte konzentrieren.

Während es viele Aufgaben gibt, die sich ideal für das Sofort-umsetzen-Prinzip eignen, gibt es auch solche, bei denen wir leicht unterschätzen, wie viel Zeit sie tatsächlich in Anspruch nehmen. Hier einige Beispiele für Aufgaben, die auf den ersten Blick einfach erscheinen, aber oft mehr Zeit beanspruchen als erwartet.

Zeitintensive Fallen: Wenn kleine Aufgaben länger dauern

Folgende Aufgaben können schon mal mehr Zeit in Anspruch nehmen.

- E-Mails beantworten: Manchmal denkt man, dass eine schnelle Antwort genügt, aber dann entwickelt sich die Antwort zu einer komplexeren Diskussion oder verlangt mehr Recherche und Informationen.
- kleine Reparaturen oder Anpassungen: Was wie eine einfache technische Korrektur erscheint, kann sich oft zu einer aufwendigeren Aufgabe entwickeln. Und wenn dann die Technik zickt, dauert alles ewig.
- kurze Meetings oder Anrufe: Sie können sich unerwartet in die Länge ziehen, wenn mehr Themen angesprochen werden, als ursprünglich geplant war, oder wenn die Gespräche unspezifisch sind und keiner Agenda folgen.
- »Nur kurz« etwas im Internet recherchieren: Was als schnelle Suche beginnt, kann leicht zu einer längeren Recherche und Vergleichsorgie ausarten.

- kleine Organisationsaufgaben: Das Aufräumen des Arbeitsplatzes oder das Sortieren von Dateien kann länger dauern, als man denkt, besonders wenn man dabei auf vergessene oder dringende Aufgaben stößt.
- kurze Notizen oder Dokumentationen: Das kann oft länger dauern, wenn man bemerkt, dass detailliertere Informationen oder Klärungen notwendig sind.
- »schnelle« Software-Updates: Sie können manchmal unerwartet lange dauern und den Arbeitsfluss unterbrechen.
- einen schnellen Snack zubereiten: Was als einfache Mahlzeit gedacht war, kann sich zu einer umfangreichen Kochaktion entwickeln, wenn die Kinder spezielle Wünsche haben oder etwas fehlt.
- kurze Besorgungen: Ein schneller Einkauf kann sich in die Länge ziehen, insbesondere wenn man auf unvermutete Wartezeiten trifft oder sich die Einkaufsliste spontan erweitert.
- kurze Telefonate mit Familie oder Freunden: Sie können sich ausweiten, vor allem, wenn es viel zu besprechen gibt oder emotionale Themen aufkommen.
- das Kleinkind »mal eben« umziehen: Was an sich keine komplizierte Aufgabe ist, kann in der Autonomiephase eines Kindes ewig dauern und viele Nerven kosten. Das Kind will alles alleine machen, aber es klappt noch nicht ganz. Dein Kind ist – zu Recht – frustriert und wütend und am Ende nicht mal wetterentsprechend gekleidet.
- das schnelle Checken von Hausaufgaben: Oft entdeckt man dabei Fehler oder Unvollständigkeiten, die mehr Aufmerksamkeit erfordern. Es kann zu Diskussionen mit deinem Kind kommen, Frust entsteht und am Ende hängt der Haussegen schief. Hinter die Hausaufgaben kann dann immer noch kein Haken gemacht werden.

- »nur mal schnell« Rechnungen begleichen: Das kann länger dauern, besonders wenn man feststellt, dass man sich um mehr kümmern muss als ursprünglich gedacht.

Diese Beispiele zeigen, dass sowohl im beruflichen als auch im privaten Alltag Aufgaben oft mehr Zeit in Anspruch nehmen, als wir zunächst annehmen. Es ist wichtig, sich dieser Tatsache bewusst zu sein und unsere Zeitplanung entsprechend anzupassen. Du darfst deine Zeit in den Blick bekommen – sie muss dir nicht im Nacken sitzen. Ein bewusster Umgang mit unserer Zeit und eine realistische Einschätzung von Aufgaben helfen uns, effizienter zu sein und gleichzeitig unnötigen Stress zu vermeiden. Jetzt ist ein guter Moment, innezuhalten und darüber nachzudenken: Was sind deine persönlichen Sofort-umsetzen-Aufgaben? Gibt es Tätigkeiten in deinem Alltag, die du bisher unterschätzt hast? Diese Selbstreflexion kann dir helfen, deine täglichen Routinen zu optimieren und deine Zeit in den Blick zu bekommen.

MEIN TIPP

Achtung, Aufgabenfalle!

Das Sofort-umsetzen-Prinzip bedeutet nicht, dass du von morgens bis abends Aufgaben erledigst, die unter zwei Minuten dauern. Das passiert sehr häufig bei dem Elternteil, der sich primär zu Hause um die Kinder kümmert. Wenn du den ganzen Tag Sofort-umsetzen-Aufgaben erledigst, bist du nur noch reaktiv und gestaltest nicht mehr aktiv deinen Alltag. Deswegen beobachte mal, wie viele dieser kleinen Aufgaben bei dir anfallen. Wenn dein ganzer Tag daraus besteht, ist es besser, dir *gebündelt* Zeit zu nehmen, sie zu erledigen.

DAS VON-LINKS-NACH-RECHTS-PRINZIP

Deine To-dos stehen auf Klebezetteln beziehungsweise digitalen Karten. Diese Karten laufen immer von links nach rechts. Das bedeutet, du hast ganz links deine Sammelspalte, und wenn du diese durchsortiert und umformuliert hast, wandert die Aufgabe weiter in die Spalte To-do. Wenn du eine Aufgabe erledigen möchtest, ziehst du sie in Doing, also erneut eine Spalte weiter nach rechts. Wenn du sie erledigt hast, ziehst du sie in Done. Also wieder einen Schritt weiter nach rechts.

Deine Karten laufen immer von links nach rechts. Sie laufen nicht von rechts nach links. Warum? Weil du immer an einer Aufgabe arbeitest und das Ziel hast, sie zu erledigen. Würde ein To-do von rechts nach links wandern, würdest du rückwärtslaufen. Das würde dir das Gefühl geben: »Oh, doch nicht geschafft« und auch das Gefühl: »Ich komme nicht weiter«.

Dieses Prinzip lenkt unseren Fokus auf das, was wir erreicht haben. Wenn ein To-do in der Done-Spalte landet, ist das dein Konfetti-Moment. Oder wie eine Teilnehmerin einmal sagte: ein »Tadaa«. Die Done-Spalte ruft »Tadaa, geschafft«.

Stell dir deine Aufgaben vor wie einen stetigen Strom, der in eine Richtung fließt – von links nach rechts auf deinem Kopffrei-Board. So wie ein Fluss sich durch die Landschaft zieht, bewegen sich deine Aufgaben vom Sammelbecken konsequent in Richtung Done, also erledigt. Das bedeutet, alle Aufgaben, die ins Sammelbecken kommen, landen früher oder später in der Spalte Done. Indem du dich auf das konzentrierst, was du geschafft hast, anstatt auf das, was noch aussteht, förderst du eine optimistische Haltung. Anstatt gegen den Strom zu kämpfen, schwimmst du mit ihm und steigerst so deine Produktivität und Zufriedenheit. Deswegen ziehen wir immer ein To-do nach dem anderen, laufen mit der Karte von links nach rechts und setzen unseren Fokus auf die Done-Spalte.

Balance zwischen Regel und Ausnahme

Das Wichtigste am Von-links-nach-rechts-Prinzip: Sei nicht zu streng mit dir selbst. Früher habe ich häufig To-dos von der Doing-Spalte zurück in die To-do-Spalte verschoben, weil ich sie nicht geschafft hatte. Ich habe also von rechts nach links geschoben. Wann passierte mir das? Immer dann, wenn ich das To-do nicht klein genug in konkrete Handlungsschritte unterteilt hatte und es über eine längere Zeit in Doing hing. Oder auch, wenn ich eine Aufgabe unterschätzt hatte und sie länger dauerte, aber ich schon losmusste, um die Kinder aus dem Kindergarten abzuholen. Teilweise ließ ich die Karte dann auch in Doing hängen, aber das ging nicht auf, weil es am nächsten Tag nicht unbedingt sinnvoll war, dort weiterzuarbeiten. Fazit: Ja, bitte beachte das Von-links-nach-rechts-Prinzip. Es ist motivierend, bringt dich in den Flow und macht einfach Spaß. Und wenn es mal nicht klappt, dann ist das so. Nimm die Situation als Gelegenheit zur Reflexion und überlege dir, wie du es dir beim nächsten Mal leichter machen kannst. Zum Beispiel durch kleinere Aufgabenschritte.

INSPIRATION

Erfolge feiern, statt Aufgaben zählen!

Es geht nie um die Anzahl der erledigten Aufgaben! Definiere dich nicht über die Menge deiner geschafften To-dos. Sich auf die Spalte Done zu fokussieren, bedeutet, den Fokus auf deinen Erfolg zu setzen. Konzentriere dich nicht darauf, was du nicht geschafft hast. Konzentriere dich auf deine »Tadaas«.

DAS FOKUS-VOR-INBOX-PRINZIP

Idealerweise integrierst du die Kopf-frei-Methode als Routine in deinen Alltag. Hier gilt es, das Fokus-vor-Inbox-Prinzip zu beachten. Wenn du digital mit deinem Kopf-frei-Board arbeitest und deinen Laptop startest, ist das Erste, was du ab jetzt tun solltest, dein Kopf-frei-Board zu öffnen. Ideal wäre, es so einzustellen, dass es dein Startbildschirm ist. Entweder nutzt du eine App dafür oder du öffnest es im Browser.

Das Erste, was du also tust, ist auf dein Kopf-frei-Board zu schauen. Du leerst das Sammelbecken und erledigst dann die weiteren Schritte, sprich Schritt zwei, das Durchgehen und Schritt drei, das Formulieren und Ablegen. Danach empfiehlt sich meistens ein Blick in deinen Kalender: Was steht heute an? Wie groß ist mein erstes Zeitfenster, bis ich eine Unterbrechung haben werde?

Danach empfehle ich, dass du dir für deine Arbeitseinheit, also deine erste Timebox, ein To-do in die Spalte Doing ziehst und dich jetzt ohne Ablenkung um diese Aufgabe kümmerst. Zu dem jetzigen Zeitpunkt hast du noch keine E-Mails im Posteingang (Inbox) gelesen. Das Fokus-vor-Inbox-Prinzip besagt, dass du erst das Kopf-frei-Board durchgehst und sortierst und in deinen Kalender schaust.

WISSEN

Timebox:
Fokussiertes Arbeiten in festgelegten Zeitfenstern

Eine Timebox ist ein festgelegter Zeitrahmen, den du dir für eine spezifische Aufgabe reservierst. Zum Beispiel legst du fest, dass du 30 Minuten lang nur an einer Aufgabe arbeitest.

Während dieser Zeit konzentrierst du dich ausschließlich auf die festgelegte Aufgabe, ohne Ablenkungen zuzulassen. Dieser fokussierte Ansatz hilft dir, effizienter zu arbeiten und deine Produktivität zu steigern. Nach Ablauf der Timebox bewertest du das Erreichte und entscheidest, ob du weitermachst oder eine Pause einlegst.

Wenn es beruflich bei dir notwendig ist, gleich zu Beginn deiner Arbeitszeit in deine E-Mails zu schauen, dann tust du das in deiner ersten Timebox. Das heißt, du setzt dich an deinen Schreibtisch, du startest deinen Laptop, du gehst auf dein Kopffrei-Board, durchläufst die ersten drei Schritte, wirfst dann einen Blick in den Kalender und nimmst dir anschließend ein Zeitfenster, um in deine E-Mails zu schauen. Auf keinen Fall liest du E-Mails auf dem Arbeitsweg ins Büro oder bevor du dein Kopffrei-Board geöffnet und in den Kalender geschaut hast.

Wenn du deine E-Mails direkt nach dem Aufwachen oder auf dem Arbeitsweg liest, kann das nicht nur zu einer mentalen Belastung führen, sondern auch deinen Fokus und deine produktive Arbeitsweise beeinträchtigen. E-Mails enthalten oft die Bedürfnisse anderer und können zusätzliche Aufgaben auf deine Liste werfen. Dieses Durchforsten der E-Mails, um herauszufinden, ob eine konkrete Aufgabe, eine notwendige Information oder eine zu treffende Entscheidung vorliegt, beansprucht viel Hirnkapazität und Zeit. E-Mails lenken dich ab und überfluten dich häufig mit Informationen, was zu Stress führen kann, besonders in einem Umfeld, in dem du viele E-Mails erhältst. Es gibt Unternehmen, die primär über E-Mail kommunizieren.

Zudem bringt schriftliche Kommunikation wie E-Mails oft Missverständnisse mit sich. Im Vergleich zu mündlichen Absprachen, die meist konkreter und konfliktfreier sind, erfordert das Interpretieren von E-Mails eine hohe Konzentration, da du oft raten musst, was der andere genau von dir will. Dieser zusätzliche Aufwand, verbunden mit dem Druck, schnell antworten zu müssen, kann zu einer Belastung werden.

Das Fokus-vor-Inbox-Prinzip, bei dem du *zuerst* dein Kopf-frei-Board durchgehst und *dann* in dein Postfach schaust, hilft dir, deinen Tag mit Klarheit und Kontrolle zu beginnen. Indem du zuerst deine eigenen Prioritäten setzt, kannst du anschließend die Anforderungen anderer effektiver in deinen Tag integrieren. Dieser Ansatz ermöglicht es dir, entspannter und zielgerichteter in deinen Arbeitstag zu starten und dich nicht von dem Druck überwältigen zu lassen, der oft mit dem frühen Lesen von E-Mails einhergeht.

INSPIRATION

Produktivitätskiller:
Der Umgang mit dem E-Mail-Postfach

Viele Menschen öffnen dann ihr E-Mail-Postfach, wenn sie sich von einer anderen Aufgabe ablenken wollen. Also beobachte dich selbst einmal genau, wann du in deine E-Mails schaust und wie viel Zeit du in deinem E-Mail-Postfach verbringst. Das ist eine wunderbare Möglichkeit, Aufgaben aufzuschieben und das produktive Arbeiten zu verhindern.

Im beruflichen Kontext, gerade wenn du einen Schreibtischjob hast, empfehle ich dir genau dieses Vorgehen: Kopf-frei-Board,

Kalender, dann erstes To-do ziehen und erst später eine Timebox nehmen, um E-Mails zu bearbeiten. Denn so hast du deinen frischen Kopf genutzt für ein wichtiges To-do, das du konzentriert und mit Fokus abarbeiten konntest. Auf diese Art und Weise sortierst du dich, bevor die Flut kommt.

Das Fokus-vor-Inbox-Prinzip gilt auch in Nicht-Büro-Berufen und im Familienalltag, wenn du zum Beispiel in Elternzeit bist. Ich empfehle auch hier, E-Mails erst dann zu öffnen, wenn du dich gedanklich für den Tag sortiert hast. Auch in der Elternzeit lohnt es sich, zuerst einen Blick auf dein Kopf-frei-Bord zu werfen, dann in den Kalender zu schauen und dir erst später ein Zeitfenster für deine E-Mails zu nehmen. Vermeide, ständig und immer und überall E-Mails zu lesen. Das belastet dich, führt zu Stress und macht dich ineffektiv. Deswegen ist meine klare Empfehlung: Das E-Mail-Postfach immer offline geschaltet haben und Pop-up-Benachrichtigungen aus. Du entscheidest, wann eine E-Mail bei dir aufpoppt und du sie liest, nicht der Absender.

Solltest du dein Kopf-frei-Board analog führen, beispielsweise mit Klebezetteln, ist das Fokus-vor-Inbox-Prinzip meist leichter umzusetzen, da du E-Mails nun mal immer am Laptop oder am Smartphone öffnest. Wenn du analog unterwegs bist, hast du es meistens leichter, das Fokus-vor-Inbox-Prinzip umzusetzen.

DAS SCHLIESSE-DEINE-TASKS-PRINZIP

Stell dir vor, dein Kopf wäre wie ein Browser mit hundert offenen Tasks – kein Wunder, dass der Arbeitsspeicher zusammenbricht und du dich überfordert fühlst. Diese mentalen »offenen Tabs« können zu enormem Druck führen. Du kannst sie nicht alle gleichzeitig bearbeiten und solltest deshalb einige schließen, um Erschöpfung zu vermeiden. Ähnlich wie bei einem überlasteten Computer, der langsam wird und hängt, führt ein überladener Geist zu Stress und Unzufriedenheit. Daher hat dieses

Prinzip zum Ziel, sich auf wenige Aufgaben gleichzeitig zu konzentrieren und die anderen zu parken oder zu beenden.

Schließe offene Tasks! Es ist superanstrengend für dein Gehirn, ganz viele lose Enden im Kopf zu haben, sprich offene Aufgaben. Ein Task, der in der agilen Welt als eine konkrete Arbeitseinheit oder Aufgabe verstanden wird, die definiert, geplant und ausgeführt werden muss, sollte so effizient wie möglich gehandhabt werden. Für dich ist wichtig, dass du so wenig offene Tasks wie möglich hast. Das Schließe-deine-Tasks-Prinzip bedeutet also, dass du alle Aufgaben, die du bereits begonnen hast, so schnell wie möglich abschließt. Gleichzeitig ist es ratsam, nicht so viele Tasks parallel zu haben. Je mehr du in deinem Kopf hast, je mehr Projekte parallel laufen, desto anstrengender wird es für dich.

Wenn du eine überschaubare Menge an Tasks hast, behältst du Klarheit und innere Ruhe. Du musst einfach nicht mehr an die unerledigten, offenen Dinge denken. Offene Aufgaben können dich ablenken, und so bekommst du durch das Schließen von Tasks eine bessere Fokussierung und wirst effizienter. Du bleibst produktiv, denn du verschwendest keine Zeit damit, immer wieder die gleichen To-dos aufzunehmen oder unerledigte Aufgaben neu zu bewerten. Je weniger du davon hast, desto besser ist dein Überblick auf deinem Kopf-frei-Board. Das Abschließen von Aufgaben ist entscheidend, um diesen Überblick zu behalten und sicherzustellen, dass dein Board nicht überläuft. So erlangst du zusätzlich ein Gefühl der Zufriedenheit und die Motivation, weiterhin produktiv zu sein.

Im Familienalltag kann das Schließe-deine-Tasks-Prinzip zum Beispiel bedeuten, dass du deine Einkaufsliste für den Wocheneinkauf in einem Rutsch erledigst. Es ist auch sinnvoll, die Organisation einer Geburtstagsfeier eines Familienmitglieds an einem Stück zu organisieren und sich dafür eine größere Timebox zu nehmen.

Lose Enden im Bereich Familie sind vor allem Projekte, die du angefangen und nicht beendet hast. Das kann das Aufbauen des Gartenhauses sein, das Aufräumen des Dachbodens, das Leeren von Umzugskisten, das angefangene Fotobuch, die halb fertige Steuererklärung, ungelesene Post oder das begonnene Bastelprojekt.

Einen Aspekt, den ich persönlich in meiner Elternzeit am anstrengendsten fand, war, dass ich kaum einen Gedanken richtig zu Ende denken konnte. Gerade in der Elternzeit des zweiten Kindes, als ich zusätzlich schon ein zweijähriges Kind hatte, hatte ich nur selten einen klaren Kopf und verlor gedanklich immer wieder den Faden. Natürlich hat das schnell zu Verwirrung geführt, und ich hatte keinen Überblick mehr. Es ist extrem stressig, wenn du permanent in deinen Gedanken unterbrochen wirst. Auch wenn die Kinder älter werden und du im Kopf viel mit deinen To-dos beschäftigt bist, kommt es dazu, dass wir Gedanken nicht zu Ende denken. Wenn Gedanken immer wieder auftauchen, empfehle ich, dir Zeit für diese Themen zu nehmen. Entweder machst du einen Spaziergang für dich allein und bringst Ruhe in deine Gedanken, oder du bereitest dir abends einen Tee zu, setzt dich aufs Sofa, machst dir schöne Musik an und schreibst deine Gedanken auf ein Blatt Papier oder in ein Journal. Gedanken dürfen durchdacht, geschrieben oder ausgesprochen werden.

Das Schließe-deine-Tasks-Prinzip gilt nicht nur für konkrete Aufgaben, sondern auch für Emotionen und soziale Beziehungen. Wenn du im Dauerstreit mit deinen Eltern, Geschwistern oder anderen Personen wie zum Beispiel den Nachbarn bist, sind dies ungeklärte Dinge in deinem Leben. Alles, was offen ist, was ungeklärt ist, was angefangen ist und nicht zu Ende geführt ist, kostet dich Gehirnkapazität.

Nicht immer finden wir aus eigener Kraft aus dem Knäuel von anspruchsvollen losen Enden heraus, gerade wenn sie uns seelisch belasten. Damit du nicht länger wertvolle Energie und Lebenszeit damit verlierst, kannst du dir überlegen, Hilfe in Anspruch zu nehmen. Du kannst

- mit einer vertrauten Person darüber sprechen (oft sind wir nicht die Einzigen, die so ein Thema haben),
- eine Beratungsstelle kontaktieren (z. B. bei familiären Konflikten, Fragen rund um Pflege und Betreuung),
- ein Coaching vereinbaren (sinnvoll bei Geldthemen, wenn wir beruflich feststecken, mit unserer Persönlichkeit hadern o. Ä.) oder
- ärztliche oder therapeutische Hilfe suchen (v. a. wenn unsere Gesundheit immer wieder Thema ist oder wir uns psychologischen Rat wünschen).

Oft bringt uns schon das Eingestehen von losen Enden weiter – und indem wir uns auf den Weg machen, sie »aufzuräumen«, tun wir uns einen großen, meist längst überfälligen Gefallen!

MEIN TIPP

Reflektiere deine losen Enden

Nimm dir einen Moment Zeit, um über lose Enden in deinem Leben nachzudenken. Welche losen Enden gibt es bei dir? Welche belasten dich? Es gibt oft viele kleine, unerledigte Dinge, die du direkt angehen und abschließen kannst, um dir Erleichterung zu verschaffen.

Überlege, welche dieser kleinen Aufgaben du sofort erledigen kannst. Zum Beispiel:

- Ungelesene Briefe oder Dokumente: Vielleicht liegen schon seit einiger Zeit Briefe herum, die geöffnet oder bearbeitet werden müssen.
- Ausmisten einer Chaos-Schublade: Vielleicht gibt es eine Schublade oder einen Schrank in deinem Zuhause, der schon lange aufgeräumt werden sollte.
- Offene Gespräche: Vielleicht gibt es Themen oder Fragen, die du schon länger mit deinem Partner, einem Familienmitglied oder einer Freundin besprechen möchtest.

Indem du lose Enden schließt, schaffst du Raum und Klarheit in deinem Kopf und deinem Zuhause. Dies kann dir helfen, dich auf größere Herausforderungen zu konzentrieren, und gibt dir das Gefühl, wieder Kontrolle über deinen Alltag zu gewinnen.

DAS ZIEHE-UND-WÄHLE-PRINZIP

Stell dir vor, du bist die Kapitänin deines eigenen Segelboots auf deiner Lebensreise. Das Meer ist voller Möglichkeiten und du hast das Steuerrad in der Hand. Du entscheidest, welche Inseln du ansteuerst und welche Abenteuer du erlebst. Das ist das Ziehe-und-wähle-Prinzip: Du ziehst Aufgaben an Bord, wenn du bereit für sie bist, anstatt dich von einer Flut an Aufgaben überschwemmen zu lassen.

Mit dem Ziehe-und-wähle-Prinzip navigierst du selbst durch das Meer deiner Aufgaben. Du hältst Ausschau, wählst deine Route und entscheidest, welche Herausforderungen du als

Nächstes angehst. Anstatt dass dir jemand (oder du dir selbst) Aufgaben aufzwingt, also nach dem Push-Prinzip, wählst du selbst aus, was du angehst. Das gibt dir das Gefühl von Freiheit und Selbstbestimmung auf hoher See.

Pull, nicht push!

Im Kontext der Kopf-frei-Methode bedeutet das, dass du Aufgaben aus deiner To-do-Spalte ziehst, wenn du bereit bist, sie anzugehen, und nicht einfach alle Aufgaben auf einmal bearbeitest. Viele neigen dazu, sich zu Beginn der Woche oder eines Tages eine To-do-Liste zu schreiben, mit dem, was sie erledigen wollen. Beziehungsweise steht da meistens eher drauf, was sie denken, erledigen zu müssen als das, was sie wirklich tun möchten. Von diesem Vorgehen wollen wir wegkommen. Du ziehst dir deine Aufgaben. Denn du lebst selbstbestimmt. Niemand drückt dir deine Aufgaben rein. Durch das Ziehe-und-wähle-Prinzip behältst du die Kontrolle und vermeidest Überforderung, indem du selbst entscheidest, welche Aufgaben Priorität haben und in welcher Reihenfolge sie erledigt werden.

GEDANKEN, IDEEN, PROJEKTE, *Partnerschaft:* DAS *Kopf-frei-* BOARD IN AKTION

Jetzt hast du die Kopf-frei-Methode für deine To-dos umgesetzt. Alle deine Aufgaben befinden sich auf deinem Board. Du wirst beeindruckt sein, wie viele dauernd hinzukommen und was du alles erledigst. Im besten Fall bist du erleichtert und stolz zugleich – und feierst dich für all das, was in deiner Done-Spalte landet, jeden Tag, jede Woche, jeden Monat.

Kopf-frei dient dir nicht nur dazu, deine privaten und beruflichen To-dos in den Griff zu bekommen, sondern auch deine Gedanken und Projekte zu integrieren. Meist ist unser Kopf voller Ideen, Wünsche und manchmal auch voller Sorgen und Ängste. Dein Kopf-frei-Board kann dir helfen, all das konkret und greifbar zu machen. Wie das genau geht und welche Vorteile dir das bringt, erfährst du jetzt.

IDEEN, PROJEKTE UND ZIELE INTEGRIEREN

Wenn du Ziele, Projekte und Ideen in Kopf-frei integrieren willst, ist das Prinzip dasselbe wie bei gewöhnlichen To-dos: Du sammelst alles im Sammelbecken, so wie es dir in den Kopf kommt. Hast du das Ziel, dein Gehalt zu erhöhen? Dann schreibst du »Gehalt erhöhen« in das Sammelbecken. Ihr als Familie wollt ein Gartenhaus bauen? Das ist ein Projekt und kommt als »Gartenhaus« ins Sammelbecken. Hast du die Idee, im nächsten Jahr einen längeren Urlaub zu planen? Dann schreibst du »längerer Urlaub« in dein Sammelbecken. Du willst endlich die Erinnerungsbücher ausfüllen, die du zur Geburt geschenkt bekommen hast? Dann schreibst du dies als Aufgabe in dein Sammelbecken.

Im Schritt zwei, dem Durchgehen, überlegst du bei jeder Karte.

- Wie kann ich das erreichen?
- Welche To-dos resultieren daraus?
- Ist das ein Thema, das ich jetzt angehen möchte oder das ich auf später verschiebe?
- Oder entscheidest du dich, diese Idee, dieses Projekt, dieses Ziel nicht zu verfolgen, und löschst es?

Lass uns das an zwei Beispielen durchgehen. Das Erste ist »Gehalt erhöhen«. Was könntest du tun, um dein Ziel zu erreichen? Du könntest

- eine Gehaltsverhandlung führen,
- deine Arbeitsstunden erhöhen,
- die Position im Unternehmen wechseln,
- nach einem neuen Arbeitgeber suchen
- …

Die zweite Idee ist »längerer Urlaub«. Du reflektierst in Schritt zwei, was genau dein Gedanke ist. Möchtest du als Familie länger wegfahren? Oder alleine? Oder mit Partner und ohne Kinder? Wie lang genau ist für dich ein längerer Urlaub und wo würdest du hinfahren? Je nach Antwort gehst du dann weiter vor. Wenn du beispielsweise mit deiner gesamten Familie für sechs Wochen in den Sommerferien nach Portugal reisen möchtest, könntest du dir »Urlaubsidee mit Familie besprechen« (Schritt drei) als To-do formulieren und dies in die To-do-Spalte legen.

Im Schritt zwei machst du also ein Brainstorming und überlegst, was du möchtest. Wenn du dich entschieden hast, formulierst du um (Schritt drei) und schreibst alle Schritte auf, die sich daraus ergeben.

INSPIRATION

Urlaub mit dem Board

Eine meiner Kundinnen hat übrigens genau das gemacht: Ferien in Portugal. Sie schrieb mir: »Ich bin so begeistert, wie vielseitig einsetzbar mein Kopf-frei-Board ist. Ich komme eben aus Lissabon zurück. Die Urlaubsvorbereitungen habe ich komplett über das System gemacht, und in Lissabon selbst ist unsere Tagesplanung über das Board gelaufen. Wir haben in einem Airbnb gewohnt und dementsprechend auch fürs Frühstück eingekauft. Das Board haben wir dafür einfach um eine neue Spalte ›Einkaufen‹ ergänzt. MEGA!« Auch Kinder- und Familiengeburtstage organisiert sie darüber.

Konkrete To-dos auf dem Weg zum Erfolg

Jetzt geht es darum, konkrete Aufgaben zu deiner Idee oder deinem Projekt zu formulieren. Kommen wir nochmals zum Beispiel Gehaltserhöhung zurück: Du entscheidest dich für eine Gehaltsverhandlung. Das führt zu den To-dos:

- Termin mit Vorgesetzten für die Gehaltsverhandlung vereinbaren,
- Festlegen, wie viel mehr Gehalt ich fordern werde,
- Argumente sammeln, um meine Leistung und den höheren Wert meines Gehalts zu begründen und
- Podcast zum Thema Gehaltsverhandlung heraussuchen und anhören.

Diese To-dos trägst du dann als einzelne Karten in deine To-do-Spalte ein und arbeitest sie nach und nach in einem oder mehreren Zeitfenstern ab.

INSPIRATION

To-dos gezielt verwalten: Eigene Spalten für Projekte

Stehst du vor der Frage, ob es sinnvoll wäre, für ein bestimmtes Projekt eine eigene Spalte in deinem Kopf-frei-Board anzulegen? Tatsächlich kann das ein sehr effektives Vorgehen sein. Die Regel lautet: So wenige Spalten wie möglich, so viele wie nötig. Nehmen wir als Beispiel das Projekt »Gartenhaus«. Hierbei entstehen zahlreiche To-dos wie die Recherche nach verschiedenen Gartenhäusern, die Entscheidung für ein bestimmtes Modell, der Einkauf im Baumarkt, die Planung des Aufbaus und das Besorgen des benötigten Werkzeugs. In solch einem Fall kann es äußerst hilfreich sein, eine spezielle Spalte, beispielsweise To-do-Gartenhaus, einzurichten. Eine alternative Möglichkeit wäre, alle Aufgaben rund um das Gartenhaus-Projekt mit einem Label, also einer einheitlichen Farbe zu versehen. Wie das geht, erfährst du im Kapitel *So integrierst du Kopf-frei in deinen Alltag*. So behältst du stets den Überblick und kannst dein Projekt strukturiert und effizient abarbeiten.

Grübel-Gedanken aus dem Kopf bekommen

Du kannst auch Gedanken auf deinem Kopf-frei-Board einfügen, um sie aus dem Kopf zu bekommen. Wenn beispielsweise immer wieder Gedankenkreise entstehen wie: »Soll ich meine Arbeitsstunden reduzieren? Aber dann verdiene ich weniger. Aber es wäre besser für meinen Alltag, da ich dann nicht mehr so im Zeitdruck zwischen dem Bringen der Kinder und dem Arbeitsbeginn stehe …«, dann kann es sinnvoll sein, diesen Gedanken in dein Sammelbecken zu schreiben, beispielsweise »Stunden reduzieren?«.

Beim Durchsortieren (Schritt zwei) überlegst du dir, was du mit diesem Gedanken machen möchtest. Vielleicht willst du dich mit einer Freundin darüber austauschen. Dann könntest du als To-do formulieren (Schritt drei) »Marja für einen Mädelsabend anfragen + Thema der Stundenreduzierung ansprechen«. Der erste Teil könnte sogar eine Sofort-umsetzen-Aufgabe sein, falls es weniger als zwei Minuten dauert, Marja eine Nachricht zu schreiben. Die Vorteile des Sofort-umsetzen-Prinzips findest du im Kapitel *Die Kopf-frei-Prinzipien*.

MEIN TIPP

Wie gesagt: Der Name ist Programm!

Du kannst also nicht nur To-dos über das Kopf-frei-Board führen, sondern auch Projekte, Ideen, Ziele und einige Gedanken. Damit bietet dir die Kopf-frei-Methode die Möglichkeit, alles aus deinem Kopf herauszunehmen und in das Kopf-frei-Board zu integrieren.

DAS FOTOBUCH-ABENTEUER: ÜBER DIE GRÖSSE DES SCHEINBAR KLEINEN

Stell dir vor, du möchtest ein Fotobuch erstellen – klingt einfach, oder? Machen schließlich fast alle, eigentlich kann da nichts schiefgehen … Oh doch! Wie bei einem Eisberg ist bei Vorhaben dieser Art das meiste unter der Oberfläche verborgen. Anhand dieses »kleinen« Projekts, das noch dazu ein Klassiker in vielen Familien ist, zeige ich dir, wie selbst scheinbar einfache Aufgaben unsere mentale Kapazität herausfordern können und viele kleine und große Folgeaufgaben nach sich ziehen. Gleichzeitig siehst du an meinem Beispiel, wie Kopf-frei dich davor bewahrt, dich zu verzetteln und frustriert zu werden.

INSPIRATION

Schritt eins: Sammeln

Du willst endlich das Fotobuch-Thema angehen. Dein Kind ist schon drei Jahre alt und noch kein Fotobuch ist fertig. Dabei hattest du dir vorgenommen, dass du pro Jahr eines machst – für dich zur Erinnerung und auch für dein Kind.

Du kochst gerade Mittagessen, da fällt dir das Fotobuch wieder ein. Jetzt, wo du die Kopf-frei-Methode nutzt, schreibst du in dein Sammelbecken eine Karte »Fotobuch«.

Schritt zwei: Durchgehen

Später am Abend, wenn dein Kind im Bett ist, nimmst du dir Zeit, dein Kopf-frei-Board durchzusortieren. Du gehst jede einzelne Karte im Sammelbecken durch, und da taucht auch die Karte »Fotobuch« auf. Du stellst dieser Karte die gleichen Fragen wie allen anderen auch.

Was genau bedeutet das?

Du möchtest jährliche Fotobücher erstellen. Da dein Kind drei Jahre alt ist, sind es drei Fotobücher (0–1 Jahr, 1–2 Jahre und 2–3 Jahre).

Muss das erledigt werden?

Müssen? Nein. Aber du möchtest es. Das Thema liegt schon sooo lange an. Wenn nicht jetzt, wann dann?

Kann das delegiert werden?

Ja, theoretisch könnte auch der Vater das Fotobuch machen, die Oma oder sonst wer. Inzwischen gibt es auch smarte Apps, die das wie von allein machen sollen. Aber irgendwie hast du dich bei diesem Thema immer selbst in Aktion gesehen. Und es soll ja auch so werden, wie du es dir vorstellst. Es könnte delegiert werden, aber du machst es lieber selbst. Du entscheidest dich, das Thema jetzt anzugehen und dich selbst darum zu kümmern.

Schritt drei: Formulieren

Jetzt wird es konkret. Aus der Karte »Fotobuch« wird die Karte »Fotobuch erstellen«. Aber halt! Ist das wirklich ein konkreter Handlungsschritt? Weißt du nun genau, was zu tun ist? Nicht wirklich, oder? Denn ein Fotobuch zu erstellen, ist nicht nur ein einzelnes To-do. Es ist vielmehr die Überschrift für eine Vielzahl von To-dos.

Überlege einmal, was alles getan werden muss, damit du am Ende ein fertiges Fotobuch in den Händen halten kannst.

- Fotos von Smartphone auf Laptop ziehen
- ggf. Fotos vom Smartphone des Partners ziehen
- ggf. Fotos vom letzten Weihnachtsfest von der Oma besorgen
- Fotos nach Monaten sortieren
- Fotos auswählen
- Fotobuchanbieter recherchieren
- Preise der Angebote vergleichen
- Format auswählen
- Layout auswählen
- ggf. Namen der Personen auf den Fotos dazuschreiben
- Fotobuch komplett gestalten

- Fotobuch bestellen (dafür Adressdaten eingeben, ggf. ein Konto beim Anbieter erstellen, Zahlungsdaten hinterlegen, Zahlung tätigen usw.)

Jeder dieser Schritte bekommt eine eigene Karte. Du siehst, wie aus einer Idee eine Liste von Aufgaben wird – ein Berg, den es zu erklimmen gilt! Wie du Aufgaben gut und für dich passend schneidest, erfährst du gleich im Anschluss an die Schritte des Fotobuchprojekts im Abschnitt *Die Kunst des Aufgabenschneidens*.

Was sich jetzt anbietet: Markiere all diese To-dos mit einem Label, sprich einer Farbe auf deinem Kopf-frei-Board. So hast du die Übersicht, welche To-dos zusammengehören. Alternativ kannst du für die Dauer des Projekts eine eigene Fotobuch-Spalte auf dem Board anlegen.

Schritt vier: Erledigen

Jetzt wird's praktisch. Du nimmst eine Aufgabe nach der anderen und arbeitest sie ab. Nein, nicht alle am selben Abend. Du fängst damit an, deine Fotos vom Smartphone auf deinen Laptop zu ziehen. Wenn du diese eine Aufgabe erledigt hast, machst du Feierabend und genießt den restlichen Abend auf dem Sofa.

Schritt fünf: Karte in Done ziehen

Bevor du auf das Sofa hüpfst, ziehst du die Karte »Fotos von Smartphone auf Laptop ziehen« in Done. Dann klopfst du dir auf die Schulter. Wie gut, dass du endlich das Thema Fotobuch angehst! Du hast jetzt alle Aufgaben in konkrete Handlungsschritte umformuliert und sogar das erste To-do erledigt. Das ist mega! Fokus auf die erledigten Dinge!

Hast du auch schon mal gedacht, dass das Erstellen eines Fotobuchs ein Klacks ist? Tja, weit gefehlt! Das ist das Ding mit unseren Aufgaben: Sie sind oft viel größer, als sie auf den ersten Blick erscheinen. Jedes Mal, wenn du einen Schritt dieser Fotobuchmission erledigst, kommst du dem Gipfel ein Stückchen näher. Und wenn du dann endlich die letzte Aufgabe in Done ziehst, kannst du ruhig mal stolz auf dich sein. Denn hey, du hast es geschafft! Du bist deinen eigenen Fotobuchberg hochgekraxelt.

DIE KUNST DES AUFGABENSCHNEIDENS: FEIN ODER GROB?

Im Fotobuch-Beispiel ist klar geworden, dass hinter dem To-do »Fotobuch erstellen« noch etliche Unter-To-dos entstehen. Wie viele du genau formulierst und wie du sie aufteilst, entscheidest du. Du kannst die Aufgaben sehr klein schneiden oder eher grob bleiben.

Hier noch einmal das Beispiel, wie du das Projekt Fotobuch mit klein geschnittenen Aufgaben angehen könntest:

- Fotos von Smartphone auf Laptop ziehen
- ggf. Fotos vom Smartphone des Partners ziehen
- ggf. Fotos vom letzten Weihnachtsfest von der Oma besorgen
- Fotos nach Monaten sortieren
- Fotos auswählen
- Fotobuchanbieter recherchieren
- Preise der Angebote vergleichen
- Format auswählen

- Layout auswählen
- ggf. Namen der Personen auf den Fotos dazu schreiben
- Fotobuch komplett gestalten
- Fotobuch bestellen (dafür Adressdaten eingeben, ggf. ein Konto beim Anbieter erstellen, Zahlungsdaten hinterlegen, Zahlung tätigen usw.)

… und hier das Ganze mit grob geschnittenen Aufgaben:

- Fotos auf Laptop ziehen
- Fotos auswählen
- Fotobuch online auswählen
- Fotobuch digital gestalten
- Fotobuch bestellen

So werden aus elf To-dos fünf. Nun wird auch klar, warum die Anzahl der To-dos, die du am Tag oder in der Woche »schaffst«, nicht besonders aussagekräftig ist. Es kommt eben darauf an, wie du die Aufgaben formulierst. Hier gibt es kein Richtig oder Falsch. Das eine passt für dich mehr, das andere weniger.

Die Vorteile: Sehr klein geschnittene Aufgaben kannst du auch in kurzen Timeboxen umsetzen . Das ist zum Beispiel praktisch, wenn du zwischen zwei Terminen 15 Minuten hast oder auch, wenn dein Kleinkind Mittagsschlaf macht und jederzeit wieder wach werden könnte.

Wichtig: Du darfst und sollst auch Pausen machen. Es geht nicht darum, überall kleine To-dos unterzubringen, sondern Potenziale zu sehen, die sonst oft mit Scrollen auf Social Media verplempert werden. Außerdem kann es für dich motivierend sein, viele To-dos recht schnell in Done zu ziehen. Das macht

Spaß und du bekommst das Gefühl »Wow, habe ich viel geschafft«. Du reduzierst deinen Stress.

Indem du Aufgaben in kleine, konkrete Schritte unterteilst, werden große und komplexe Aufgaben auf einmal einfach und handhabbar. Du siehst den Fortschritt und kannst die Teilaufgaben nach und nach erledigen. Das gibt dir das Gefühl, die Aufgabe und deine gesamte Organisation im Griff zu haben und fördert so deine Zufriedenheit.

Ein weiterer Vorteil kleiner geschnittener Aufgaben ist, dass du Prokrastination, also das Aufschieben von Aufgaben, reduzierst. Die kleinen Häppchen machen es weniger einschüchternd, mit einer Aufgabe zu beginnen, was dir wiederum hilft, kontinuierlich produktiv zu bleiben.

Die Nachteile: Du erstellst dadurch Massen an Karten auf deinem Kopf-frei-Board. Dadurch kann es sehr voll wirken. Je mehr To-dos du hast, desto unübersichtlicher wird es.

Groß geschnittene Aufgaben haben den Vorteil, dass sie oft einen breiteren Überblick über ein Projekt oder einen umfangreicheren Arbeitsbereich bieten. Das kann besonders nützlich sein, wenn es darum geht, das große Ganze im Blick zu behalten und zu verstehen, wie einzelne Teile eines Projekts zusammenhängen. Große Aufgaben können auch dazu führen, dass dein Kopf-frei-Board übersichtlicher bleibt, da weniger einzelne To-dos darauf zu finden sind. Das macht es einfacher, Prioritäten zu erkennen und dich auf die wesentlichen Ziele zu konzentrieren. Gerade für To-dos, bei denen dir einfach klar ist, was zu tun ist, brauchst du die detaillierte Aufteilung der Unteraufgaben nicht unbedingt.

Ein Beispiel: Früher habe ich für die Produktion einer Podcast-Episode viele Aufgaben formuliert:

- Thema festlegen
- Skript erstellen
- Episode einsprechen
- Intro und Outro einsprechen
- schneiden
- Datei komprimieren
- Datei bei Hoster hochladen
- Shownotes erstellen
- Veröffentlichung terminieren

Inzwischen podcaste ich seit 2017 und die Aufgabe »Episode 360 erstellen« reicht mir als To-do-Kärtchen vollkommen aus. Früher war das Schneiden in kleine Aufgaben sinnvoll, jetzt ist es für mich besser, eine große Aufgabe daraus zu machen.

Allerdings haben groß geschnittene Aufgaben auch ihre Nachteile. Sie können überwältigend wirken und es schwerer machen, überhaupt mit der Arbeit zu beginnen, da der Einstiegspunkt weniger klar definiert ist. Es kann auch schwieriger sein, den Fortschritt zu messen, da eine große Aufgabe möglicherweise über längere Zeit in der Doing-Spalte verbleibt, ohne dass sichtbare Bewegung erkennbar ist. Dies kann demotivierend sein und das Gefühl erzeugen, dass es trotz viel Arbeit nicht weitergeht.

Zudem kann es herausfordernder sein, große Aufgaben in kurzen Zeitfenstern zu bearbeiten, was die Flexibilität und Anpassungsfähigkeit an den Alltag mit Familie und Beruf einschränkt. Kleinere Aufgaben können es einfacher machen, die Arbeit an einem großen Projekt besser zu verteilen und zwischendrin anderes im Blick zu behalten, wenn gerade viel los ist.

Daher gilt ein Stück weit: So groß wie möglich und so klein wie nötig.

MEIN TIPP

Probier's einfach!

Weil das Schneiden von Aufgaben sehr individuell ist, heißt es hier: Einfach ausprobieren. Schneide deine Teilaufgaben mal sehr klein und reflektiere in der Review darüber, ob das für dich mehr Vor- oder mehr Nachteile hatte. In einer anderen Woche schneidest du deine Aufgaben sehr grob und reflektierst dann wieder in der Review, wie das für dich war. Mit der Zeit wird es sich so einpendeln, dass es für dich passt.

DIE IRGENDWANN-VIELLEICHT-SPALTE: FÜR PROJEKTE, DIE NOCH WARTEN KÖNNEN

Manchmal gibt es Projekte, die uns am Herzen liegen – und die wir dennoch nicht gleich umsetzen können oder wollen. Vielleicht schaffen wir das Fotobuch zeitlich gerade nicht. Vielleicht wünschen wir uns neue Farbe für unsere Wohnung, aber so richtig eilig ist es uns damit nicht. Vielleicht wollen wir irgendwann mal einen Kochkurs machen, aber Prio A ist das aktuell nicht. Trotzdem möchten wir Ideen wie diese nicht aus den Augen verlieren.

Für solche Fälle kannst du als weitere mögliche Spalte die

Irgendwann-vielleicht-Spalte einführen. Diese Spalte setzt du ganz rechts auf dein Kopf-frei-Board hinter Done. Hierhin verlagerst du alle To-dos und Ideen, die du nicht sofort umsetzen möchtest, aber auch nicht verwerfen willst.

Stell dir vor, eine befreundete Familie schwärmt vom Familienurlaub im Sauerland, und du denkst dir: »Das wäre auch was für uns!« Anstatt sofort zu buchen, nimmst du die Idee für nächstes Jahr auf und parkst sie in der Irgendwann-vielleicht-Spalte. Auch das lang geplante Ausmisten des Dachbodens, das dir immer wieder in den Sinn kommt, findet hier seinen Platz. So bleibt es nicht länger ein ständiger Gedanke, sondern wird sicher auf deinem Board gespeichert, ohne dass es täglich in deinem Sammelbecken auftaucht.

Entscheidest du dich irgendwann, eines dieser To-dos oder eine dieser Ideen in die Tat umzusetzen, ziehst du die Karte zurück ins Sammelbecken und gehst die üblichen fünf Schritte der Kopf-frei-Methode durch. Falls du dich im Lauf der Zeit entscheidest, eines der dort stehenden To-dos und eine der Ideen nicht anzugehen, löschst du die Karte.

Die Vorteile der Irgendwann-vielleicht-Spalte sind:

- Langfristige Überlegungen und To-dos wie »Das müsste ich auch mal machen« haben einen festen Platz auf deinem Kopf-frei-Board und sind aus deinem Kopf.
- Ideen werden sicher auf deinem Kopf-frei-Board gespeichert, sind jedoch so platziert, dass du im Alltag nicht ständig mit ihnen konfrontiert wirst.
- Die Spalte hilft dir, den Überblick über zukünftige Projekte und Wünsche zu behalten, ohne den aktuellen Workflow zu stören.

- Sie fördert Kreativität und Visionen, da du Raum für langfristige Ideen und Träume schaffst.
- Du reduzierst das Gefühl, etwas zu vergessen, da alles Wichtige an einem Ort gesammelt wird.

INSPIRATION

Konkretisierung von Irgendwann-vielleicht-Aufgaben

Achte darauf, dass aus den Irgendwann-vielleicht-To-dos keine zu detaillierten Aufgaben entstehen. Solange sie nicht angegangen werden, dürfen Irgendwann-vielleicht-Aufgaben grob formuliert sein und auf jeweils einer Karte liegen. Sobald du eine Aufgabe aus der Irgendwann-vielleicht-Spalte in die Umsetzung bringen willst, schneide deine To-dos klein und überführe sie in die To-do-Spalte. Anstatt etwas Allgemeines wie »Dachboden ausmisten« aufzuschreiben, formuliere konkrete Schritte. Zum Beispiel: »Termin mit der Familie zum Dachboden Ausmisten setzen«, »Regale und Kisten besorgen«, »Müllsäcke organisieren« oder »Putzutensilien checken und eventuell nachkaufen«. So bleibst du bei der Umsetzung fokussiert und effizient.

DAS GEMEINSAME KOPF-FREI-BOARD: IMMER EINE GUTE IDEE?

Vielleicht fragst du dich, ob du ein gemeinsames Kopf-frei-Board mit deinem Partner nutzen solltest. Meine Empfehlung ist, dies am Anfang nicht zu tun. Ja, es gibt das agile Partnerboard, und das Prinzip ist dasselbe wie beim Kopf-frei-Board. Es gibt zwei Gründe, warum ich nicht von Anfang an ein agiles Partnerboard empfehle:

1. Du darfst erst einmal selbst die Kopf-frei-Methode umsetzen und leben. Solange du sie nicht verinnerlicht hast, ist es nur unnötig kompliziert, parallel auch noch ein Partnerboard aufzubauen und das ganze Vorgehen gleichzeitig deinem Partner zu erklären.
2. Oft ist es eurer Beziehung nicht dienlich, wenn du um die Ecke kommst und deinem Partner ein Vorgehen aufdrücken möchtest. »Hey Schatz, ich lese seit gestern dieses Buch von Carolin und wir machen jetzt ein agiles Partnerboard. Ich habe schon Klebezettel besorgt. Morgen zeige ich dir, was du jetzt tun musst.« Das ist etwas übergriffig. Eine gemeinsame Selbstmanagementmethode dürft ihr auch gemeinsam aussuchen.

Das agile Partnerboard fördert, wenn ihr beide dahintersteht, Kommunikation und gleichberechtigte Elternschaft. Absolute Voraussetzung ist Freiwilligkeit von beiden Elternteilen. Wenn der andere die Kopf-frei-Methode übergestülpt bekommt oder nur mitmacht, um dir einen Gefallen zu tun, funktioniert das meist nicht nachhaltig.

Daher meine Empfehlung: Nutze Kopf-frei erst einmal nur für dich und lasse gerne schon mal deinen Partner an deiner Begeisterung teilhaben. Vielleicht ist das ansteckend!

MEIN TIPP

Nicht alles selbst stemmen

Achtung: Dass du die Kopf-frei-Methode erst mal für dich alleine nutzt, bedeutet nicht, dass du den gesamten Mental Load alleine tragen musst. Reflektiere beim zweiten Schritt des Durchgehens, ob du diese Aufgaben erledigen musst und erledigen möchtest oder ob du sie abgeben kannst, zum Beispiel an deinen Partner.

INSPIRATION

Nutze dein Kopf-frei-Board für mehr als nur für Aufgaben

Dein Kopf-frei-Board ist nicht nur für einzelne Aufgaben da. Du kannst Ziele, Projekte und Ideen darüber führen. Entscheide jetzt, ob du Ideen aus diesem Kapitel umsetzen möchtest. Vielleicht eine extra Projektspalte? Oder gibt es ein Ziel, wofür du jetzt konkrete To-dos formulieren kannst? Wenn ja, ab damit ins Sammelbecken. Jetzt!

WIE DU *deine Zeit* EFFEKTIV NUTZT UND *Aufgaben priorisierst*

Wir leben in einer Welt, in der der Satz »Ich habe keine Zeit!« allgegenwärtig ist. Dennoch ist dieser Ausdruck manchmal irreführend. Wenn wir sagen »Ich habe keine Zeit«, meinen wir meistens, dass wir die Zeit, die uns persönlich zur Verfügung steht, mit Aufgaben, Aktivitäten, Verantwortungen und Terminen überfrachten. Wir setzen Prioritäten, manchmal bewusst, manchmal unbewusst, und lassen dabei gewisse Dinge hinten runterfallen. Manchmal sind wir so erschöpft, dass wir Zeit mit etwas verbringen, von dem wir wissen, dass es uns nicht guttut: stundenlanges Scrollen auf Social Media zum Beispiel.

Natürlich stimmt es: In manchen Familien gibt es mehr To-dos als in anderen. Daher können sich deine 24 Stunden nach weniger anfühlen als die von anderen Menschen. Sei es, weil mehr Aufgaben auf weniger Schultern lasten. Weil Unterstützung fehlt, die bei anderen zur Verfügung steht. Weil Verantwortung da ist, die andere nicht oder nicht in diesem Ausmaß kennen.

Es ist wichtig, besondere Belastungen zu sehen und anzuerkennen. Und ebenso wichtig ist, die gesellschaftlichen Herausforderungen, die oft zu Zeitstress führen, anzusprechen und anzugehen, denn sonst werden sie nie verschwinden. Dazu gehören die mangelnde Gleichstellung von Frauen und die Rollenbilder, die dafür sorgen, dass Frauen immer noch mehr Care-Arbeit verrichten als Männer.

Diese Rahmenbedingungen sind aktuell so, wie sie sind. Ich bin fest davon überzeugt, dass wir bei uns anfangen können und mehr Handlungsspielraum haben, als wir vielleicht manchmal denken. Für uns selbst und auch in unserer Partnerschaft. Deshalb habe ich in diesem Kapitel ein besonderes Anliegen: Ich ermutige dich, den Umgang mit deiner Zeit kritisch zu hinterfragen und deine persönlichen Ressourcen besser einzuschätzen.

Ich zeige dir, wie du deine Planung reflektierst und im nächsten Schritt Kopf-frei geschickt mit Zeitmanagementmethoden verbindest, besser priorisierst und endlich wieder in einen Zustand kommst, in dem du dich wohlfühlst und dich gut genug um dich selbst kümmerst.

Fangen wir gleich an.

ENTWICKLE EINE BEWUSSTE PERSPEKTIVE AUF DEINE ZEIT

Kopf-frei kann dir helfen, deine Zeitressourcen besser in den Blick zu bekommen. Nehmen wir das Beispiel deiner Wochenplanung: Wenn du keine Zeit für private Erledigungen vorsiehst, wird deine private To-do-Spalte stetig wachsen. Gleiches gilt im Berufskontext: Zu viele übernommene Aufgaben führen auch hier zu einer überquellenden To-do-Spalte.

Der Zustand deines Kopf-frei-Boards dient dir als Indikator, ob du vielleicht zu viel auf deinem Zettel hast. Es ist kein Geheimnis, dass fast *alle* Mütter zu viel auf dem Zettel haben. Du kannst das ändern, indem du deine Zeit wieder ganz bewusst in den Blick nimmst.

Der zweite Schritt der Kopf-frei-Methode, das Durchgehen, wirkt bereits als Filter. Er fordert dich auf, dich zu fragen: Muss diese Aufgabe erledigt werden? Muss ich sie machen? Nutze diesen Schritt, um deine Aufgabenlast zu reduzieren.

Natürlich zieht das ganze Problem der Aufgabenlast weitere Themen nach sich wie den Mental Load und die Aufteilung der Elternverantwortung. Mental Load beinhaltet auch die Dran-denken-To-dos, die erst mal sichtbar gemacht werden müssen. Beide Elternteile brauchen ein Verständnis dieser mentalen Aufgabenlast. Meiner Erfahrung nach klappt es bei den Elternpaaren gut, die beide Mental Load spüren. Bei den Elternpaaren, bei denen ein Elternteil (meist die Mutter) die Familienmanagerin ist, ist die Belastung für den anderen Elternteil oft schwer nachfühlbar. Dass du mit Kopf-frei deinen Mental Load gut sichtbar machen kannst und warum das ein wichtiger Schritt für eine faire Aufteilung der Aufgaben sein kann, habe ich im Kapitel *Warum agiles Selbstmanagement die Lösung ist* beschrieben.

Außerdem sind da noch gesellschaftliche Erwartungen, die wir meinen erfüllen zu müssen und daher Zeit darin investieren. Anstatt diese Erwartungen jahrelang als Grübelgedanken mit uns herumzuschleppen, können wir einmal bewusst reflektieren, was davon uns hilft und was nicht. Das hat ganz viel damit zu tun, wie wir unser Leben leben wollen und wie nicht. Mehr dazu findest du im Kapitel *Wie dein Mindset Kopf-frei unterstützt*.

Was können wir nun tun, um langfristig einen selbstbestimmten Umgang mit unserer Zeit zu finden? An erster Stelle stehen die Selbstfürsorge und die Gestaltung der persönlichen Freizeit, um Energie aufzutanken und eigenen Interessen nachzugehen. Nur wenn deine Akkus geladen sind, kannst du Energie geben. Genauso wichtig ist es, Grenzen zu setzen und zu lernen, Nein zu sagen, um Überlastung zu vermeiden und die eigenen Bedürfnisse in den Vordergrund zu stellen. Nein sagen ist theoretisch einfach und für viele praktisch so schwer umsetzbar, weil sie das Gefühl haben, andere damit vor den Kopf zu stoßen. Hierfür sind eine effektive Kommunikation und Abstimmung, auch in der Partnerschaft, entscheidend, um eine gerechte Aufteilung der Verantwortung zu gewährleisten.

Der Umgang mit Stress und das Gefühl der Überforderung sind weitere Schlüsselfaktoren, die es langfristig zu bewältigen gilt. Strategien zur Delegation und eine faire Verteilung von Aufgaben können helfen, den Druck zu mindern. Zudem ist ein unterstützendes Netzwerk aus Familie, Freunden und Gleichgesinnten von unschätzbarem Wert, um Hilfe und Austausch zu finden. Um ein gesünderes Selbstbild zu entwickeln, ist es auch notwendig, mit Schuldgefühlen und dem Hang zum Perfektionismus ins Reine zu kommen.

Letztlich spielt die bewusste Prioritätensetzung eine entscheidende Rolle. Sie ermöglicht es uns, uns auf das Wesentliche zu konzentrieren. Doch was zählt wirklich als wesentlich? Es sind jene Aspekte unseres Lebens, die uns am Herzen liegen, sei es die Zeit mit der Familie, berufliche Ziele, persönliche Entwicklung oder die Pflege von Beziehungen. Durch eine gezielte Priorisierung schaffen wir es, unseren Alltag so zu gestalten, dass wir sowohl unseren Verpflichtungen nachkommen als auch Raum für das schaffen, was uns persönlich erfüllt und glücklich macht.

Beginne heute damit, deine Perspektive auf Zeit bewusst auszurichten.

In meinem Podcast *Finde dein Mama-Konzept* widme ich mich genau dieser Thematik. In Episode 208 *Keine Zeit war gestern* erfährst du, warum du tatsächlich mehr Zeit hast, als du vielleicht denkst und wie du das Gefühl entstehen lassen kannst, mehr Zeit zu haben. Höre dir die Episode unter *www.carolinhabekost.de/208* an und beginne, deine Zeit bewusst zu gestalten.

MEIN TIPP

Mach den Tagesablauf-Check!

Nimm dir einen typischen Tag in deinem Leben und schreibe alle Tätigkeiten auf, so wie sie jetzt sind. Wann stehst du auf? Was machst du dann? Schreib dir einen Stundenplan, wie wir ihn aus der Schule kennen, mit deinem Istzustand. Danach erstellst du einen Stundenplan eines typischen Tages mit deinem Wunschzustand. Beachte hier unbedingt, dass du ausreichend Schlaf eingeplant hast. Sieben bis neun Stunden passen für die meisten Erwachsenen. Danach kannst du über die Unterschiede zwischen deinem Ist- und deinem Wunschzustand reflektieren.

Diese Übung hilft dir sehr dabei, deine Zeit in den Blick zu bekommen.

Falls du das Thema Tages- und Wochenplan-Erstellung vertiefen möchtest, bekommst du in Episode 347 des *Finde-dein-Mama-Konzept*-Podcasts eine Anleitung. Die Folge heißt *Dein Meisterplan: Wochenplanung und Vereinbarkeitsmodell*, du kannst sie dir unter *www.carolinhabekost.de/347 anhören.*

KOMBINIERE KOPF-FREI MIT ZEITMANAGEMENT

Die Kopf-frei-Methode lässt sich hervorragend mit Zeitmanagement-Methoden kombinieren. Falls du bereits eine Methode nutzt, die gut für dich funktioniert, dann integriere sie einfach in deinen Kopf-frei-Flow. Ganz nach dem Motto: *Never change a running system*. Zugleich möchte ich dich ermutigen, all deine Zeitmanagementgewohnheiten zu überdenken. Denn manchmal etablieren sich Routinen, die mehr hindern als helfen. Ich stelle dir jetzt hilfreiche Zeitmanagementmethoden vor und erkläre, wie du sie mit deinem Kopf-frei-Board kombinieren oder an deine Bedürfnisse anpassen kannst, um effizienter zu arbeiten.

Frosch zuerst – *Eat the Frog* und Kopf-frei

Eat the Frog ist eine Methode von Brian Tracy, die darauf abzielt, den Tag mit der schwierigsten und unangenehmsten Aufgabe zu beginnen. Dieses Vorgehen hilft, Prokrastination zu überwinden und die produktiveren Morgenstunden optimal zu nutzen. Das wirkt wie ein psychologischer Boost: Hast du die herausforderndste Aufgabe gemeistert, gibt dir das ein »Ich-habe-es-geschafft«-Gefühl, das dich für den Rest des Tages motiviert. Dieses Vorgehen führt zu besserer Priorisierung und weniger Stress.

Wenn du *Eat the Frog* mit deinem Kopf-frei-Board kombinieren möchtest, kannst du so vorgehen: In deiner ersten Timebox des Tages, nachdem du die Schritte Sammelbecken-Leeren, Durchgehen, Formulieren und Ablegen gemacht hast, ziehst du in Schritt vier, dem Erledigen, zuerst eine Aufgabe, die du als unangenehm und schwierig empfindest. Nachdem du sie erledigt und in die Done-Spalte verschoben hast, ziehst du dir danach eine andere Aufgabe deiner Wahl.

Freude zuerst: Ein alternativer Start in den Tag

Für mich funktioniert *Eat the Frog* nicht gut. Ich habe tatsächlich genau die gegenteilige Erfahrung gemacht. Wenn ich zuerst eine unangenehme Aufgabe erledige, fühle ich mich danach oft müde und erschöpft, so als ob meine Energie verbraucht wäre.

Ich bin dann keineswegs im Flow, sondern eher schlecht gelaunt. Daher ziehe ich zuerst eine Aufgabe, auf die ich wirklich Lust habe. Es beflügelt mich sehr, ein To-do zu erledigen, das mir Freude bereitet. Danach habe ich das Gefühl: »Ich kann alles schaffen.« So gehe ich dann die Aufgaben an, die ich als herausfordernd empfinde. Sie kosten mich dann gefühlt viel weniger Gehirnkapazität.

INSPIRATION

Eat the Frog – oder nicht? Experimentiere mit deinen To-dos

Auch bei der Frage, wie du in deinen Tag starten willst, bewährt sich das Prinzip *Inspect and Adapt*: Überprüfen und Anpassen. Ziehe einmal eine Woche lang die Karte mit dem schwierigsten To-do zuerst. Reflektiere darüber in der Review. In der Folgewoche ziehst du dir das freudvollste To-do zuerst. Reflektiere wieder in der Review. Danach kannst du gut für dich entscheiden: *Eat the Frog* oder doch lieber nicht.

Pomodoro-Technik trifft Kopf-frei

Kommen wir nun zur nächsten Zeitmanagementtechnik: der Pomodoro-Methode von Francesco Cirillo. Sie basiert auf dem Prinzip, Arbeit in kurze, fokussierte Intervalle zu gliedern, die jeweils 25 Minuten dauern und als Pomodoros bezeichnet werden. Nach jedem Intervall folgt eine kurze Pause von fünf Minuten. Nach vier solcher Intervalle gibt es eine längere Pause von 15 bis 30 Minuten. Diese Methode hilft, konzentriert und produktiv zu bleiben, indem sie regelmäßige Pausen und eine Strukturierung der Arbeitszeit ermöglicht. Die Pomodoro-Technik erhielt ihren Namen, weil Cirillo als Student einen Küchentimer oder Kurzzeitwecker in Form einer Tomate (auf Italienisch *pomodoro*) verwendete, um seine Arbeitsintervalle zu gliedern.

Um die Pomodoro-Technik mit deinem Kopf-frei-Board zu kombinieren, zieh dir ein To-do, stelle einen Timer auf 25 Minuten und leg los. Sobald der Timer klingelt, legst du eine fünfminütige Pause ein. Danach geht's weiter mit dem nächsten 25-Minuten-Block. Sollte das To-do aus dem vorherigen Intervall noch nicht fertig sein, arbeitest du weiter daran. Es liegt ja schon in der Doing-Spalte. Solltest du deine Aufgabe in der ersten Runde schon erledigt haben, ziehst du dir einfach das nächste To-do.

Die Pomodoro-Technik zielt darauf ab, deine Konzentration zu steigern und Prokrastination zu reduzieren. Dank der regelmäßigen Pausen vermeidest du Erschöpfung und hältst deine Produktivität langfristig aufrecht. Die strukturierten Intervalle geben dir zudem ein gutes Gefühl dafür, wie lange du für bestimmte Aufgaben brauchst. So verhinderst du, dass du dich versehentlich zu lange in einer weniger wichtigen Aufgabe verlierst. Die Pausen erlauben dir, kurz innezuhalten und zu reflektieren: Ist es sinnvoll, in diese Aufgabe noch mehr Zeit zu investieren?

Allerdings hat die Pomodoro-Technik auch ihre Tücken. Nicht jede Aufgabe passt perfekt in die 25-Minuten-Intervalle, und manchmal kann es deinen Arbeitsfluss stören, wenn der Timer genau dann klingelt, wenn du mitten in einer Aufgabe steckst. Ein To-do, das eigentlich 40 Minuten benötigt, würde durch die Technik unnötig unterbrochen werden und deine Produktivität einschränken. Zudem ist diese Methode ein recht rigides Zeitmanagement. Wenn du flexibel bleiben und auf ungeplante Ereignisse wie das plötzliche Aufwachen deines Kleinkinds reagieren möchtest, kann das die Pomodoro-Technik durcheinanderbringen.

Flexibles Pomodoro: Dein Rhythmus, deine Regeln

Du kennst mich jetzt schon: Ich finde, dein Selbstmanagementsystem sollte sich an dich anpassen und nicht umgekehrt. Deshalb mein Tipp: Probier die Pomodoro-Technik mal aus. Sie passt nicht perfekt? Kein Problem! Nimm die Grundidee und mach dein eigenes Ding daraus. Besonders wertvoll an der Pomodoro-Technik sind die regelmäßigen Pausen und die überschaubaren Arbeitsphasen.

Die Länge der Intervalle kannst du flexibel für dich anpassen. Vielleicht machst du nach jedem größeren To-do eine kleine Pause. Und behalte im Hinterkopf, dass es nach mehreren kurzen Pausen mal Zeit für eine längere Auszeit von 30 bis 45 Minuten ist.

Diese Methode ist vor allem dann relevant, wenn du längere Arbeitsphasen hast. Bei der Erwerbsarbeit haben wir das manchmal, oft aber auch nicht wegen Meetings und Terminen. Im privaten Bereich ist es eher selten, dass wir stundenlang an unseren To-dos arbeiten. Daher ist die Pomodoro-Technik dort möglicherweise weniger relevant.

MEHR SELBSTBEWUSSTSEIN DURCH GUTE PLANUNG

Wenn du dich über Wochen und Monate täglich mit der Kopffrei-Methode organisierst, wirst du eine starke Fähigkeit entwickeln: Du kannst einschätzen, wie lange du für eine Aufgabe brauchst und wie viele Aufgaben du effizient und ohne permanenten Stress bewältigen kannst. Diese Fähigkeit ist im beruflichen Kontext besonders wertvoll. Als Agile Coach konnte ich beispielsweise genau einschätzen, ob ich eine Aufgabe bis zum nächsten Teammeeting schaffe oder ob ich eine Urlaubsvertretung für eine Kollegin bei einer Kundin nicht übernehmen kann, weil ich bereits Workshops vor- und nachbereiten muss. Diese Zuverlässigkeit kam sehr gut an, denn ich konnte klar kommunizieren, was machbar ist und was nicht. Natürlich gab es auch bei mir Situationen, die zu Stress führten, weil etwas länger dauerte, die Technik versagte oder ich spontan ein krankes Kind betreuen musste. Da ich von vornherein realistisch geplant hatte, konnte ich mit etwas mehr Aufwand alles souverän meistern. Das positive Feedback meiner Kolleginnen und Kundinnen während meiner Anstellung stärkte mein Selbstbewusstsein enorm.

Als ich mich 2021 nach der Elternzeit mit meinem dritten Kind neu bewerben musste, hatte ich ein ganz anderes Selbstbild als während meiner Bewerbungsphase 2013 in der Elternzeit meines ersten Kindes. Ich war von meinen Fähigkeiten als Agile Coach überzeugt. Ich war überzeugt, meine Vereinbarkeit gut hinzukriegen. Ich schrieb zehn Bewerbungen, erhielt sechs Einladungen zu Vorstellungsgesprächen und drei Jobangebote – und das als Mutter von drei Kindern im Alter von eins, sieben und neun Jahren. Ich hatte gerade die Elternzeit beendet und legte Wert darauf, maximal 30 Stunden pro Woche ohne Reisebereitschaft zu arbeiten. Obwohl die Stellen für Vollzeit ausgeschrieben waren, bewarb ich mich. Ich gab ein deutlich höheres Wunschgehalt an als zuvor. Mein Mann war zu dieser Zeit in Elternzeit und plante, dies für ein Jahr zu tun, bis unsere Jüngste zwei Jahre alt wäre. Am Ende erhielt ich eine Anstellung in einer tollen Innovationsberatung, die mir 30 Arbeitsstunden pro Woche im Homeoffice und 45 Prozent mehr Gehalt als zuvor ermöglichte. Die Kopf-frei-Methode war der Grundstein für meine berufliche und persönliche Entwicklung.

SOUVERÄN PRIORISIEREN

Priorisieren – das klingt auf den ersten Blick einfach: Man macht einfach die wichtigste Aufgabe zuerst. Doch spätestens da wird es tricky. Was ist das Wichtigste, wenn die Zeit plötzlich knapp wird? Und ist die dringendste Aufgabe immer die wichtigste? Wenn du dich mit diesen Fragen herumschlägst, ständig unter Druck stehst und alles andere immer wichtiger ist als Me-Time, ist dieses Kapitel für dich. Ich stelle dir grundlegende Prinzipien vor, wie du priorisieren kannst, und gängige und erprobte Methoden, die du gut mit Kopf-frei nutzen kannst.

Effizient dank Eisenhower-Matrix

Die Eisenhower-Matrix, benannt nach dem früheren US-Präsidenten Dwight D. Eisenhower, ist eine Methode zur Priorisierung von Aufgaben. Sie basiert auf dem Prinzip, Aufgaben nach ihrer Dringlichkeit und Wichtigkeit zu ordnen. Die Eisenhower-Matrix hilft dabei, Klarheit über die Priorität und die Bedeutung von Aufgaben zu bekommen, um so effizienter und zielgerichteter zu arbeiten.

Die Matrix besteht aus vier Quadranten:

Wichtig und dringend: Aufgaben in diesem Quadranten sind sowohl wichtig für deine langfristigen Ziele als auch dringend zu erledigen. Diese Aufgaben sollten sofort und von dir persönlich erledigt werden.

Wichtig, aber nicht dringend: Diese Aufgaben sind wichtig, aber sie haben keine baldige Deadline. Sie erfordern Planung und langfristiges Denken. Sie sollten terminiert und zu einem späteren Zeitpunkt erledigt werden.

Nicht wichtig, aber dringend: Aufgaben, die zwar dringend sind, aber nicht unbedingt wichtig für deine persönlichen Ziele. Diese Aufgaben können oft delegiert werden.

Nicht wichtig und nicht dringend: Aufgaben in diesem Quadranten sind weder dringend noch tragen sie zu deinen Zielen bei. Oftmals können diese Aufgaben einfach gestrichen werden.

Eisenhower-Matrix in Aktion: Optimiere dein Kopf-frei-Board

Die Eisenhower-Matrix lässt sich leicht mit der Kopf-frei-Methode verbinden. Bei den Schritten 2 und 3, also beim Durchgehen, Umformulieren und Ablegen deiner Aufgaben, kannst du die Matrix als Orientierung nutzen. Stell dir bei jeder Aufgabe die folgenden Fragen:

- Ist sie wichtig und dringend?
- Ist sie wichtig, aber nicht dringend?
- Ist sie nicht wichtig, aber dringend?
- Oder ist sie weder wichtig noch dringend?

Platziere Aufgaben, die sowohl wichtig als auch dringend sind, in deiner To-do-Spalte ganz oben. Damit signalisierst du, dass diese Aufgaben höchste Priorität haben. Ein farbiges Label kann zusätzlich helfen, sie visuell hervorzuheben. Wenn eine Deadline ansteht, notiere diese direkt bei der Aufgabe oder nutze die entsprechende Funktion deines Tools.

Eisenhower-Matrix & Kopf-frei!
wichtig & nicht dringend
To-do
wichtig & dringend
To-do
nicht wichtig & nicht dringend
nicht wichtig & dringend
Wichtigkeit
Dringlichkeit
Frage dich
* Ist das To-do wichtig und dringend?
* Ist es wichtig, aber nicht dringend?
* Ist die Aufgabe nicht wichtig, aber dringend?
* Ist sie weder wichtig noch dringend?
Bei Schritt 2 und 3 der Kopf-frei-Methode nutzt du diese Fragen zur Orientierung.

Aufgaben, die wichtig, aber nicht dringend sind, sortierst du in deiner To-do-Spalte ein, aber nicht ganz oben und auch nicht ganz unten. Auch hier kann ein farbiges Label zur besseren Übersicht beitragen.

Bei Aufgaben, die nicht wichtig, aber dringend sind, überlege, ob sie jemand anders übernehmen kann. Im beruflichen Kontext könnte das ein Teammitglied sein, im privaten vielleicht die Oma, ein Freund oder der andere Elternteil. Wenn du dich entscheidest, sie selbst zu erledigen, ordne sie weiter unten in der To-do-Spalte ein.

Nicht wichtige und nicht dringende Aufgaben solltest du kritisch hinterfragen: Können sie gelöscht werden, um deinen Aufgabenpool zu reduzieren? Weniger unnötige To-dos bedeuten mehr Zeit für dich und deine Familie. Falls die Aufgabe zwar nicht wichtig und nicht dringend ist, dir aber dennoch Freude bereitet, hat sie natürlich trotzdem einen Platz in deiner To-do-Spalte verdient.

Um die Anwendung der Eisenhower-Matrix im Kontext der Kopf-frei-Methode zu verdeutlichen, zeige ich dir je ein Beispiel aus dem beruflichen und dem privaten Bereich für jeden Quadranten.

Wichtig und dringend:

- Beruflich: Ein Bericht, der bis zum Ende des Tages fertiggestellt und an die Vorgesetzte gesendet werden muss.
- Privat: Das Kind hat Fieber, und du musst dringend einen Ärztinnentermin für den gleichen Tag vereinbaren.

Wichtig, aber nicht dringend:

- Beruflich: Die Planung eines Projekts, das erst in drei Monaten startet, aber eine solide Vorbereitung erfordert.
- Privat: Die Organisation des Familienurlaubs in den Sommerferien, obwohl diese noch einige Monate entfernt sind.

Nicht wichtig, aber dringend:

- Beruflich: Eine E-Mail von einer Kollegin, die um sofortige Rückmeldung bittet, die jedoch keinen Einfluss auf deine aktuellen Prioritäten hat.
- Privat: Ein Anruf von einem Telekommunikationsanbieter mit einem neuen Angebot, das sofortige Aufmerksamkeit zu erfordern scheint, für euch aber uninteressant ist.

Weder wichtig noch dringend:

- Beruflich: Die Durchsicht von Branchennachrichten, die interessant sein könnten, aber nicht direkt mit deinen aktuellen Aufgaben oder Zielen zusammenhängen.
- Privat: Das Aussortieren alter Zeitschriften und Kataloge, die sich angesammelt haben, aber keinen direkten Einfluss auf dein tägliches Leben oder deine Aufgaben haben.

INSPIRATION

Dein Merkzettel als Navigator

Möchtest du die Eisenhower-Matrix für dein Selbstmanagement nutzen, ist es hilfreich, einen Merkzettel zu schreiben. Arbeitest du analog, klebe dir einen Zettel mit den vier Quadranten an einen gut sichtbaren Platz an dein Kopf-frei-Board. Du kannst dafür gern meine Sketchnote nutzen und sie dir unter *www.carolinhabekost.de/kopf-frei-buch* herunterladen! Dieser Zettel dient als ständige Erinnerung und Leitfaden für deine Entscheidungen. Im digitalen Kontext kannst du eine ähnliche Methode anwenden: Erstelle dir eine digitale Karte oder Notiz mit den vier Quadranten. So hast du die Kategorien der Matrix immer vor Augen, was dir hilft, deine Aufgaben entsprechend einzuteilen und Prioritäten zu setzen. Diese Karte behältst du immer eingeblendet. Sie unterscheidet sich von deinen To-dos durch die Visualisierung. Wenn du in einem digitalen Tool die vier Quadranten als Titelbild einfügst, kannst du sie direkt auf deinem Kopf-frei-Board sehen.

WISSEN

Die Grenzen der Eisenhower-Matrix im Alltag erkennen

Die Eisenhower-Matrix kann ein hilfreicher Wegweiser beim Priorisieren deiner Aufgaben sein. Indem du deine To-dos nach Wichtigkeit und Dringlichkeit sortierst, stärkst du deine Entscheidungsfähigkeit. Du bewertest jede Aufgabe und triffst eine Entscheidung dazu. Ein großer Pluspunkt ist, dass du delegieren übst. Das hilft dir, die Anzahl deiner Aufgaben zu verringern.

Die Matrix kann aber auch dazu führen, dass komplexe Aufgaben zu stark vereinfacht werden und Dringlichkeit manchmal überbewertet wird. Du bekommst dann möglicherweise das Gefühl, ständig unter Druck zu stehen und getrieben zu sein –

das ist genau das Gegenteil von dem, was wir mit der Kopf-frei-Methode erreichen wollen. Du sollst deine To-dos im Griff haben, nicht umgekehrt. Auch besteht die Gefahr, dass Aufgaben, die dir Freude bereiten und Energie geben, vernachlässigt werden, da sie weder als wichtig noch dringlich eingestuft werden. Bei der Kopf-frei-Methode geht es darum, deinen Kopf von To-dos zu befreien und dir mehr Zeit für dich selbst, deine Familie und alles, was dir wichtig ist, zu schaffen. Und manchmal sind genau die Aufgaben, die nicht wichtig und nicht dringlich erscheinen, am wichtigsten, weil sie dir Freude und Energie bringen.

Vier Schlüsselkriterien für die Auswahl deiner To-dos

Zum Zeitmanagement gehört auch, dass wir Entscheidungen treffen, welches To-do als Nächstes in Angriff genommen wird. Dabei leiten uns vier wesentliche Kriterien, die von der Methode *Getting Things Done* von David Allen inspiriert sind:

- Kontext,
- verfügbare Zeit,
- verfügbare Energie,
- Priorität.

Der Kontext ist entscheidend. Wo befindest du dich gerade und wie sind die Umstände? Bist du zu Hause mit deinen Kindern und ihr habt gemeinsame Zeit, eignen sich To-dos, die du gut in ihrer Anwesenheit erledigen kannst. Befindest du dich hingegen im Büro ohne anstehende Termine, ist dies der ideale Moment, um konzentriert an einem beruflichen To-do zu arbeiten.

Die verfügbare Zeit ist ebenfalls ein wichtiger Faktor. Wie

viel Zeit hast du bis zum nächsten Termin oder bis zum Abholen vom Kindergarten? Hast du beispielsweise 90 Minuten frei, kannst du dich einem umfangreichen To-do widmen. Sind es nur 15 Minuten, entscheidest du dich vielleicht bewusst dafür, kein To-do mehr zu erledigen, sondern die Zeit für eine Teepause zu nutzen. Alternativ kannst du ein kleines To-do abarbeiten.

Die Frage nach der verfügbaren Energie zielt auf deinen Zustand ab. Fühlst du dich fit und voller Power? Dann stehen deine

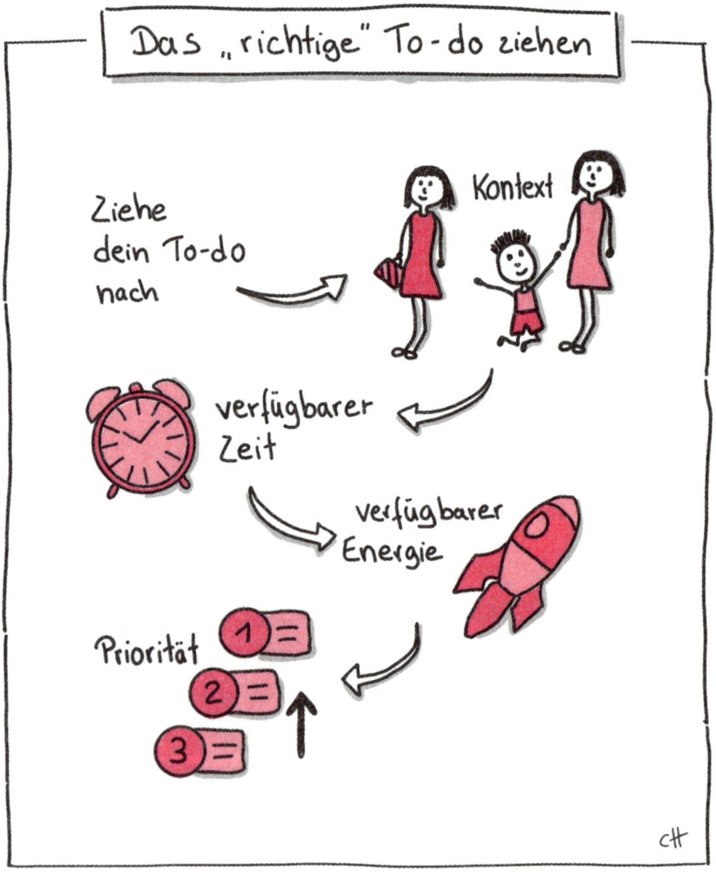

Akkus auf 100 Prozent und leuchten grün. Bist du müde, genervt und unkonzentriert? Dann bist du eher auf 20 Prozent im roten Bereich. Wenn möglich, jetzt lieber eine Pause machen. Wenn nicht möglich, am besten Aufgaben wählen, die du routiniert abarbeiten kannst und die nicht viel Hirnschmalz brauchen.

Die Priorität eines To-dos richtet sich danach, wie wichtig und dringlich es ist. Welche Aufgabe hat den größten Einfluss oder die höchste Bedeutung? Welche sollte vorrangig behandelt werden?

Wenn du ein To-do ziehst, solltest du all diese Faktoren berücksichtigen. Dabei geht es nicht nur um die zeitliche Priorität, sondern um eine ganzheitliche Betrachtung deiner Situation. So stellst du sicher, dass du nicht nur effizient, sondern auch unter Berücksichtigung deiner persönlichen Kapazitäten arbeitest.

Dein Super-Fokus, wenn es eng wird: Die Heute-to-do-Spalte

Der Vorteil der Kopf-frei-Methode liegt also in ihrer Fähigkeit, dir eine klare und flexible Struktur zu bieten, die es dir ermöglicht, schnell und effizient auf Veränderungen zu reagieren.

Wenn es wie im Familienalltag häufig zu Engpässen kommt, weil dein Kind krank ist, kannst du Prioritäten neu bewerten und Aufgaben entsprechend anpassen. Das Kopf-frei-Board hilft dir, einen Überblick über alle anstehenden Aufgaben zu behalten, sodass du entscheiden kannst, welche davon jetzt wichtig sind und welche warten können. Kritische Aufgaben, die Aufmerksamkeit erfordern, bleiben oben in deiner To-do-Spalte, während weniger dringende Angelegenheiten nach unten verschoben werden.

Alternativ kannst du vorübergehend eine weitere Spalte erstellen: die Heute-To-do-Spalte. Das ist eine temporäre Spalte, die du einrichtest, um dort ausschließlich die Aufgaben zu platzieren, die trotz eingeschränkter Zeit absolviert werden müssen. Diese Spalte wird zu einem fokussierten Bereich, der dir hilft, dich auf das Wesentliche zu konzentrieren, ohne von anderen Aufgaben abgelenkt zu werden. Sobald die Situation sich normalisiert, kannst du die Heute-To-do-Spalte wieder auflösen und zu deiner üblichen Struktur auf deinem Kopf-frei-Board zurückkehren.

Ein Beispiel für eine private Aufgabe, die in solchen Phasen Priorität haben könnte, ist das Vorbereiten eines wichtigen Familiengeburtstags oder die Organisation einer Veranstaltung, die nicht verschoben werden kann. Diese Ereignisse erfordern oft unsere unmittelbare Aufmerksamkeit und können nicht einfach warten. Hier kannst du deine Aufgaben immer noch auf ein Minimum reduzieren oder vereinfachen. Anstatt den Geburtstagskuchen selbst zu backen, kannst du einen kaufen. Statt aufwendiger Deko reichen ein paar Luftschlangen usw.

Wenn du unerwartet weniger Zeit für deine beruflichen Aufgaben hast, prüfe zuerst, was gerade ansteht. Oft machen wir uns den Megastress, wenn unsere Kids krank sind, um trotzdem alle Aufgaben im Job erledigt zu bekommen. Wenn du »Kindkrank« bist, musst du genau genommen gar nichts an Erwerbsarbeit machen. Auch wenn du selbstständig bist, liegt es an dir, wie du dich selbst führst. Es liegt an dir, ob die Aufgaben dich schieben oder du die Aufgaben. Du kannst Kundinnentermine verlegen und Aufgaben später machen. Durch diese Denkweise fallen ganz viele To-dos weg. Schau, was jetzt immer noch auf deinem Kopf-frei-Board steht, das du erledigen willst. Das sind dann die Aufgaben, die du in deiner reduzierten Arbeitszeit abarbeitest.

Das Kopf-frei-Board ermöglicht dir, deine Planung dynamisch und bedürfnisorientiert anzupassen. Es gibt dir die Freiheit, Aufgaben nach ihrer aktuellen Relevanz und Dringlichkeit zu organisieren, und bietet gleichzeitig ein Sicherheitsnetz, das verhindert, dass etwas Wichtiges durchrutscht. So kannst du trotz temporärer Herausforderungen deinen Verpflichtungen nachkommen und gleichzeitig für deine Familie da sein.

MEIN TIPP

Nutze, was funktioniert!

Reflektiere über die Zeitmanagementmethoden, die du bereits verwendest und jene, die hier genannt wurden. Wie könnten sie in deine Kopf-frei-Methode integriert werden? Und möchtest du das tun? Jede Methode hat ihren eigenen Charme und kann unterschiedliche Aspekte deines Selbstmanagements unterstützen. Vielleicht nutzt du bereits die Pomodoro-Technik, *Eat the Frog* oder die Eisenhower-Matrix? Es geht darum, ein System zu schaffen, das sich deinen Bedürfnissen anpasst, nicht umgekehrt. Sei offen für Experimente und nutze die Review-Phase, um deine Anpassungen zu reflektieren und weiterzuentwickeln.

Nachdem ich für mich rausgefunden hatte, dass *Eat the Frog* bei mir nicht gut funktioniert, gestaltet sich mein Tag beispielsweise so: In meiner Bürozeit für mein Onlinebusiness *Finde dein Mama-Konzept* ziehe ich nach meinem Übergangsritual, dem Durchsortieren des Boards und dem Blick in meinen Kalender am besten ein To-do, das mich kreativ werden lässt. Ich schreibe ein neues Onlinekurskonzept, skripte eine Podcast-Episode, erstelle Instagram-Content oder Ähnliches. Dabei kann ich etwas erschaffen,

Hingegen kann ich To-dos, bei denen ich ausschließlich umsetzen muss, besser später am Tag machen – Aufgaben wie Infos raussuchen, Links setzen, Verträge gegenlesen. Das weiß ich nur, weil ich es ausprobiert und reflektiert habe. Inzwischen ziehe ich mir meine To-dos entsprechend. Mein Arbeitstag fühlt sich viel leichter und noch mehr im Fluss an, seitdem ich das herausgefunden habe. Ich schaffe mehr in weniger Zeit, weil ich mich meinem Energiehaushalt entsprechend vorgehe.

PROKRASTINATION BEENDEN

Du schiebst Aufgaben gerne vor dir her? Damit bist du nicht allein. Auf die Dauer kann das zu Problemen führen. Reflektiere zuerst, warum du bestimmte Aufgaben immer wieder aufschiebst. Hier einige häufige Gründe und Beispiele dazu:

- **Überforderung durch Größe und Komplexität:** Die Aufgabe wirkt riesig und unüberschaubar. Beispiel: Ein ganzes Haus zu renovieren, kann überwältigend erscheinen, wenn man an die Gesamtheit aller notwendigen Schritte denkt.
- **Unklare Formulierung:** Die Aufgabe ist vage oder schlecht definiert. Beispiel: »Fotobuch erstellen« ist zu unspezifisch und lässt keine klaren Handlungsschritte erkennen.
- **Perfektionismus:** Der Drang, alles perfekt zu machen, hält dich zurück. Beispiel: Du möchtest eine Präsentation erstellen, und der Gedanke, dass sie nicht perfekt sein könnte, lähmt dich.
- **Mangelnde Priorisierung:** Die Aufgabe wird als unwichtig eingestuft. Beispiel: »Alte Kleidung aussortieren« scheint weniger dringend als andere tägliche Aufgaben.

- **Mangelnde Motivation:** Die Aufgabe erscheint langweilig oder nutzlos. Beispiel: »Steuererklärung ausfüllen« wirkt trocken und mühsam.
- **Ablenkung:** Andere Dinge erscheinen wichtiger oder attraktiver. Beispiel: Anstatt die Küchenschränke zu ordnen, schaust du lieber Netflix auf dem Sofa.
- **Müdigkeit:** Erschöpfung verhindert die Abarbeitung von Aufgaben. Beispiel: Am Abend nach einem langen Tag fühlst du dich zu müde, um dich noch privaten To-dos zu widmen.
- **Fehlende Fristen:** Ohne Deadline fehlt manchmal der Antrieb. Beispiel: Als Selbstständige aktualisierst du deine Website nicht.
- **Gewohnheitsmäßiges Aufschieben:** Prokrastination ist zur Routine geworden. Beispiel: Du schiebst regelmäßig das Aufräumen deines Google-Drive-Speichers auf, weil es schon immer so war. Frei nach dem Motto: Über die Suchfunktion finde ich schon alles wieder.

Je nachdem, was der Grund für dein Aufschieben ist, kannst du unterschiedlich in die Umsetzung kommen.

- **Überforderung durch Größe und Komplexität:** Zerlege die Aufgabe in viele Teilschritte und mache sie so kleiner. Wenn du jeden einzelnen Schritt aufschreibst, wirkt sie weniger komplex.
- **Unklare Formulierung:** Formuliere die Aufgabe in eine konkrete Handlung um, so wie bei Schritt drei empfohlen.
- **Perfektionismus:** Beginne damit, bewusste Mindset-Arbeit zu machen, und entwickle den dienlichen Glaubenssatz »80 Prozent reichen!« für dich.
- **Mangelnde Priorisierung:** Hast du einen konkreten Nordstern?

Dann priorisiere mit dessen Hilfe. Wie du deinen Nordstern findest, erkläre ich im Kapitel *Der Nordsterneffekt*. Wenn Aufgaben weiterhin liegen bleiben, ist es vielleicht doch eine Aufgabe zum Wegschmeißen.

- **Mangelnde Motivation:** Bei Aufgaben, die langweilig sind, aber dennoch gemacht werden müssen, empfehle ich, dass du dir eine feste Timebox einplanst, um diese Aufgabe umzusetzen, und es dir dabei so schön wie möglich machst. Zünde dir eine Kerze an und koch dir deinen Lieblingstee, bevor du die Belege für die Steuererklärung sortierst. Oder gib solche Aufgaben ab, wenn möglich.
- **Ablenkung:** Sorge für eine Umgebung, die dich nicht ablenkt. Smartphone aus, ordentlicher Schreibtisch etc. Und prüfe, ob die Aufgabe so wichtig ist. Vielleicht ist es wirklich wichtiger, dir eine Me-Time zu nehmen, anstatt die Küchenschränke zu ordnen.
- **Müdigkeit:** Wenn du zu müde bist, Aufgaben umzusetzen, schlafe. Ja, richtig gelesen. Die Grundbedürfnisse wie Schlafen, Wasser trinken, Essen und Bewegung sind deine Basis. Finde Lösungen für mehr Schlaf. Danach kannst du an deine To-dos denken.
- **Fehlende Fristen:** Setz dir selbst Fristen. Nimm dir beispielsweise vor, in drei Monaten deine Website aktualisiert zu haben.
- **Gewohnheitsmäßiges Aufschieben:** Erkenne, dass es zur Gewohnheit geworden ist, und entscheide dich, das ab jetzt zu ändern. Etabliere neue dienliche Gewohnheiten, wie zum Beispiel das tägliche Durchsortieren deines Kopf-frei-Boards.

WIE *dein Mindset* KOPF-FREI *unterstützt*

Die Kopf-frei-Methode ist mehr als nur ein Werkzeug für Selbstmanagement – sie dient als Wegweiser zu einem stressreduzierten Leben. Sie ermöglicht dir mehr Gelassenheit, das Gefühl von mehr Freiheit und mehr Selbstbewusstsein. Die Methode hilft dir bei all diesen Dingen. Doch ebenso wichtig ist dein Mindset.

Dein Mindset bestimmt, wie erfolgreich und glücklich du bist, also deine Denkweisen, inneren Einstellungen, Überzeugungen und Verhaltensmuster. Jeder hat die Macht, sein Mindset zu entwickeln und zu formen, um ein erfülltes Leben zu führen. Veränderungen im Mindset können Wunder wirken, indem sie neue Perspektiven und Möglichkeiten eröffnen.

UNTERBEWUSSTE ÜBERZEUGUNGEN: WIE GLAUBENSSÄTZE UNS LENKEN

Jeder Mensch hat Glaubenssätze. Sie sind tief in unserem Denken verankert – es sind Sätze, die wir glauben. Wir glauben, dass diese Sätze DIE Wahrheit sind (Spoiler: Das sind sie nicht). Sie prägen unsere Wahrnehmung der Welt und unser Verhalten. Einige dieser Glaubenssätze sind uns bewusst und wir können sie direkt benennen. Viele andere liegen jedoch in unserem Unterbewusstsein verborgen und beeinflussen uns, ohne dass wir es direkt bemerken.

Glaubenssätze entstehen aus unseren Erfahrungen, Prägungen, Überlieferungen und der Erziehung. Sie wirken wie eine innere Stimme, die uns in bestimmten Situationen lenkt. Sie können dienlich sein und uns stärken, wie zum Beispiel: »Ich bin fähig, meine Ziele zu erreichen« oder »Meine berufliche Tätigkeit bereichert mein Familienleben und umgekehrt«. Sie können aber auch hinderlich wirken, beispielsweise durch Sätze wie »Ich bin nicht gut genug« oder »Wenn ich erwerbsarbeite, vernachlässige ich meine Familie«. Diese Glaubenssätze zu erkennen und sie uns bewusst zu machen, ist ein wichtiger Schritt, um sie gegebenenfalls zu verändern und so unser Leben positiver zu gestalten.

Manchmal können wir unser Selbstmanagement noch so gut optimieren – solange wir starke hinderliche Glaubenssätze in uns tragen, fühlt sich unser Alltag weiterhin stressig und getrieben an. In solchen Momenten ist die Lösung nicht, die nächste Methode zu erlernen oder sich noch mehr zu optimieren und eine Strategie noch perfekter umzusetzen. Vielmehr geht es darum, in sich hineinzuhören und zu fragen: Was denkt es da in mir? Sind meine Glaubenssätze unterstützend oder eher hinderlich?

Diese Reflexion kann uns helfen, aus einem Kreislauf des Getriebenseins auszubrechen und stattdessen einen Weg zu finden, der sowohl unsere beruflichen als auch unsere familiären Bedürfnisse berücksichtigt. Denn nur weil wir vor der Aufgabe stehen, Familie und Beruf zu vereinbaren, muss unser Leben nicht automatisch schwer sein. Die Kombination von Mindset-Arbeit mit der Kopf-frei-Methode kann ein Schlüssel sein, um einen ausgeglichenen und erfüllten Lebensstil zu erreichen.

GLAUBENSSÄTZE UND IHRE WIRKUNG AUF UNSER SELBSTMANAGEMENT

Ein typischer Glaubenssatz vieler berufstätiger Eltern lautet zum Beispiel: »Ich muss immer für meine Familie da sein, um eine gute Mutter zu sein.« Dieser Glaubenssatz kann zu dem

Druck führen, sich ständig um die Familie kümmern zu müssen, was oft zu Überforderung und Vernachlässigung der eigenen Bedürfnisse führt. Eine hilfreiche Umformulierung könnte sein: »Ich *bin* eine gute Mutter / ein guter Vater« oder »*Wie* ich die Zeit mit meinen Kindern verbringe, ist wichtiger als die Zeitmenge«. Diese Wendung erlaubt es, sich selbst Pausen zu nehmen und den Fokus auf qualitativ hochwertige Familienzeit zu legen.

Ein weiterer verbreiteter Glaubenssatz ist: »Meine Arbeit darf nicht unter meiner Rolle als Elternteil leiden.« Dieser Satz kann zu dem Gefühl führen, man müsse in beiden Bereichen perfekt sein, was oft unrealistisch und stressig ist. Eine Umformulierung könnte lauten: »Ich finde ein ausgewogenes Gleichgewicht zwischen meiner Erwerbsarbeit und meiner Rolle als Elternteil.« Dies ermöglicht eine gesündere Balance und nimmt den Druck, überall perfekt sein zu müssen.

Glaubenssätze wie »Ich kann keine Karriere machen, wenn ich kleine Kinder habe« oder »Wenn ich mir Zeit für mich nehme, vernachlässige ich meine Familie« sind Beispiele für Überzeugungen, die unsere Möglichkeiten einschränken und uns in unserer Entfaltung behindern können. Die Herausforderung liegt darin, diese Glaubenssätze zu erkennen, zu hinterfragen und gegebenenfalls durch dienliche Überzeugungen zu ersetzen, wie: »Auch mit kleinen Kindern kann ich beruflich erfolgreich sein« oder »Indem ich mir Zeit für mich selbst nehme, lade ich meine Batterien wieder auf und kann so eine noch bessere Fürsorge für meine Familie leisten«.

Lust, ein paar deiner Glaubenssätze auf die Schliche zu kommen?

Lies dir folgende Glaubenssätze durch und frag dich: Glaube ich das?

- »Ich muss immer für meine Familie da sein, um eine gute Mutter / ein guter Vater zu sein.«
- »Meine Arbeit darf nicht unter meiner Rolle als Elternteil leiden.«
- »Ich kann keine Karriere machen, wenn ich kleine Kinder habe.«
- »Ich muss perfekt in meiner Rolle als Elternteil und im Beruf sein.«
- »Wenn ich mir Zeit für mich nehme, vernachlässige ich meine Familie.«
- »Ich kann nicht Teilzeit arbeiten und trotzdem beruflich erfolgreich sein.«
- »Ich muss immer verfügbar sein, sowohl für meine Familie als auch für meinen Job.«
- »Beruflicher Erfolg und ein erfülltes Familienleben schließen sich gegenseitig aus.«
- »Als berufstätiges Elternteil ist es schwierig, ein ausgeglichenes Verhältnis mit Beruf und Familie zu finden.«
- »Mit Kleinkind ist das Geld immer knapp.«
- »Der Job meines Mannes ist wichtiger als mein eigener.«
- »Ich kann mich besser um unser Kind kümmern als der andere Elternteil.«
- »Ohne mich läuft hier nichts.«

Unsere tief sitzenden Glaubenssätze können uns unbewusst daran hindern, unser volles Potenzial auszuschöpfen und ein ausgeglichenes Leben zu führen. Die Arbeit an diesen Glaubenssätzen, ihr Bewusstmachen und ihre Umformulierung können wesentlich dazu beitragen, Stress zu reduzieren und ein erfüllteres Leben zu ermöglichen. Das ist wichtig, um uns von selbst auferlegtem Druck zu befreien und zu erkennen, dass wir die Wahl haben, wie wir unser Leben gestalten möchten.

MEIN TIPP

Beschäftige dich mit deinem Mindset und deinen Glaubenssätzen

Dein Denken formt deinen Alltag. Nimm dir Zeit, deine inneren Überzeugungen zu erkennen und zu hinterfragen. Die Auseinandersetzung mit deinem Mindset und deinen Glaubenssätzen kann ein entscheidender Schritt sein, um ein erfülltes Leben mit Familie und Beruf zu führen. Beobachte deine Gedanken. Beginne damit wahrzunehmen, dass nicht alles, was es in dir denkt, die Wahrheit ist. Vieles, vielleicht sogar das meiste, sind einfach nur Sätze, die du glaubst und die sich aktuell wahr *anfühlen*. Wenn du in die Arbeit mit Glaubenssätzen einsteigen möchtest, dann empfehle ich dir das E-Book bzw. Workbook *Vereinbarkeit beginnt im Kopf*, das ich für mein Onlinebusiness *Finde dein Mama-Konzept* geschrieben habe. Den Link dazu findest du unter *www.carolinhabekost.de/kopf-frei-buch.*

KURZANLEITUNG: VOM HINDERLICHEN ZUM DIENLICHEN GLAUBENSSATZ

Diese Kurzanleitung ist dein Wegweiser, um hinderliche Glaubenssätze zu erkennen, zu hinterfragen und anschließend in dienliche Glaubenssätze umzuwandeln. Sie dient als Einstieg in die intensive und wertvolle Arbeit mit deinen Glaubenssätzen, die einen grundlegenden Einfluss auf deine Lebensgestaltung und dein Wohlbefinden haben können. Nutze diese Anleitung als ersten Schritt, um dir selbst zu erlauben, deine Denkmuster zu reflektieren und bewusst zu gestalten.

1. **Erkenne den Glaubenssatz:** Der erste Schritt besteht darin, deine eigenen Glaubenssätze zu identifizieren. Achte auf wiederkehrende Gedankenmuster oder Überzeugungen, die du in bestimmten Situationen hast, besonders wenn sie mit Gefühlen wie Stress oder Angst verbunden sind. Schreib diese Gedanken auf, um ein klares Bild davon zu bekommen. Du kannst sie in dein Sammelbecken werfen.
2. **Hinterfrage den Glaubenssatz:** Sobald du einen bestimmten Glaubenssatz identifiziert hast, beginne ihn zu hinterfragen. Stelle dir Fragen wie: »Woher kommt dieser Glaubenssatz? Ist er wirklich wahr? Gibt es konkrete Belege dafür? Gibt es Anzeichen oder Argumente, die dagegensprechen? Gilt dieser Satz nur für mich oder ist er für alle Menschen auf dieser Welt gültig? Gilt dieser Satz für immer?« Wenn der Glaubenssatz nicht für alle Menschen gilt und nicht für immer, dann ist das ein ziemlich sicherer Hinweis, dass es wirklich ein Glaubenssatz ist. Dieser Schritt hilft dir, den Glaubenssatz kritisch zu betrachten und seine Gültigkeit infrage zu stellen.

3. **Entscheide dich gegen den Glaubenssatz:** Jetzt darfst du dich bewusst entscheiden: Willst du den identifizierten Satz weiterhin glauben? Wenn ja, machst du einen Haken dahinter und fertig. Wenn nicht, dann entscheide dich jetzt, diesen Glaubenssatz aufzulösen.
4. **Erschaffe einen neuen, dienlichen Glaubenssatz:** Finde Gründe, warum der Glaubenssatz nicht wahr ist. Ersetze den alten, hinderlichen Glaubenssatz durch einen neuen, der dir hilft und dich unterstützt. Formuliere ihn für dich positiv und bekräftigend. Ersetze zum Beispiel »Ich kann keine Karriere machen, wenn ich kleine Kinder habe« durch »Ich kann eine erfüllende Karriere haben und gleichzeitig eine liebevolle Beziehung zu meinen Kindern pflegen«.
5. **Verinnerliche den neuen Glaubenssatz:** Integriere den neuen Glaubenssatz in deinen Alltag. Wiederhole ihn regelmäßig, schreibe ihn auf und platziere ihn dort, wo du ihn oft siehst. Affirmationen und Visualisierungen können dabei helfen, den neuen Glaubenssatz zu verankern. Finde Menschen, die den neuen, dir dienlichen Glaubenssatz bereits glauben und leben. Schau dir zum Beispiel Mütter auf Social Media an, die Karriere machen und eine liebevolle Beziehung zu ihrem Kind haben. Bitte wähle nur Accounts, die authentische Einblicke zeigen und nicht alles künstlich rosarot malen.
6. **Setze den Glaubenssatz in die Praxis um:** Beginne, Entscheidungen und Handlungen vorzunehmen, die den neuen Glaubenssatz unterstützen. Achte auf Situationen, in denen der alte Glaubenssatz aufkommen könnte, und ersetze ihn bewusst durch den neuen. Mit der Zeit wirst du bemerken, wie sich deine Wahrnehmung und dein Verhalten ändern.
7. **Reflektiere und passe an:** Reflektiere regelmäßig über deine neuen Glaubenssätze. Stelle dir Fragen wie: »Wie fühle ich

mich mit dem neuen Glaubenssatz? Gibt es Situationen, in denen der alte Glaubenssatz noch durchkommt? Wie kann ich weiterhin an meiner positiven Überzeugung arbeiten?« Dieser Schritt lässt sich in deine Review integrieren.

Durch dieses Vorgehen kannst du hinderliche Glaubenssätze erkennen, hinterfragen und durch dienliche ersetzen, die dir helfen, ein ausgewogeneres und erfüllteres Leben als berufstätiges Elternteil zu führen. Bitte beachte, dass diese Anleitung nur ein Einstieg in die Glaubenssatzarbeit ist und es noch so viel mehr zu diesem Thema zu erkunden gibt.

Es ist wichtig zu verstehen, dass uns unsere Glaubenssätze bewusst und unbewusst beeinflussen und ein dienliches Mindset die Kopf-frei-Methode unterstützt. Manchmal machen wir uns durch unsere hinderlichen Glaubenssätze selbst Stress, anstatt uns zu entlasten. Indem wir uns diese Glaubenssätze bewusst machen und sie verändern, öffnen wir den Weg zu einem gelasseneren und selbstbestimmteren Leben. Die Kopf-frei-Methode und Glaubenssatzarbeit können also miteinander einhergehen.

Hierzu ein Beispiel aus der Community, das dies gut verdeutlicht: Sabine hat die Kopf-frei-Methode umgesetzt und zusätzlich Glaubenssatzarbeit gemacht. Dabei hat sie den hinderlichen Glaubenssatz entdeckt: »Ich kann nicht gleichzeitig eine gute Mutter und erfolgreich im Beruf sein.«

Sie merkte, dass dieser Glaubenssatz sie stark einschränkte. Er führte zu ständigem Stress und Schuldgefühlen, sobald sie erwerbsarbeitete. Und sie beschrieb selbst, dass sie sich wie im Hamsterrad gefangen fühlte. Auf ihrem Kopf-frei-Board wurde dies klar: Sie hatte sehr viele To-dos, die sie einfach nicht abarbeitete. In ihrem Wochenplan gab es nur Erwerbsarbeitszeit oder Zeit mit dem Kind. Es gab kaum Übergangs- und Pufferzeiten, keine Me-Time, keine Fahrzeit und auch kein Zeitfenster für private To-dos.

Die meisten To-dos, die sie abarbeitete, waren berufliche To-dos, die sie in ihrer vorgegebenen Arbeitszeit erledigte. Sie bemühte sich, immer pünktlich Feierabend zu machen, und geriet dadurch unter Zeitdruck. Sie wollte schnell wieder nach Hause zu ihrem Kind, weil der hinderliche Glaubenssatz in ihr lautete: »Ich kann nicht gleichzeitig eine gute Mutter und erfolgreich im Beruf sein.« Erst nachdem sie den Glaubenssatz erkannt hatte und für sich auflöste, fing sie an zu glauben: »Ich kann eine gute Mutter *und* gleichzeitig erfolgreich im Beruf sein.«

Das änderte ihre Perspektive. Sie begann, ihre Erwerbsarbeitszeit effektiv zu nutzen, ohne Zeitdruck, und fühlte sich weniger gestresst. Sie passte ihren Wochenplan an und hatte nun auch Zeiten für private To-dos und Freizeit. Die Kopf-frei-Methode gab ihr dabei strukturelle Unterstützung, um ihre Aufgaben effizient zu managen, während die Glaubenssatzarbeit ihr die mentale Freiheit bot, ihre Schuldgefühle zu reduzieren und Stress abzubauen. Dies zeigt, dass die Glaubenssatzarbeit in Kombination mit der Kopf-frei-Methode unseren Alltag erleichtert.

Es ist dieser Synergieeffekt, der die Kopf-frei-Methode zusätzlich wirkungsvoll macht. Indem wir hinderliche Glaubenssätze transformieren und dienliche Glaubenssätze entwickeln, ermöglichen wir es uns, unser Leben so zu führen, dass wir sowohl beruflich als auch privat erfüllt sind. Dein Ergebnis kann dann sein, dass du in deinem Alltag deine Aufgaben meisterst, ohne von ihnen beherrscht zu werden, und gleichzeitig das Gefühl von mehr Zeit hast sowie mehr Energie für das, was dir wichtig ist.

Das Kopf-frei-Board dient in diesem Zusammenhang vor allem dazu, zu erkennen, welche Aufgaben alle anliegen, zu welchen du ja und zu welchen du Nein sagst und wann du wie viele Aufgaben erledigst. Damit spielt die Review eine große Rolle, da du bei diesem Schritt innerhalb der Methode reflektierst und deine Schlüsse daraus ziehst.

MEIN TIPP

Vom Kopf-frei-Board zum Freude-Board: Wie deine Aufgaben dich spiegeln

Schau dir dein Kopf-frei-Board an: Weckt es Begeisterung in dir? Nimm dir einen Moment, um jede Aufgabe darauf zu bewerten. Welche Aufgaben machen dir Spaß, welche sind neutral und welche sind einfach nur lästig? Wenn du feststellst, dass 80 Prozent der To-dos dich eher frustrieren, dann ist es vielleicht an der Zeit, ein paar grundlegende Dinge in deinem Leben zu überdenken:

- Bist du wirklich in dem Beruf, der zu dir passt?
- Arbeitest du im »richtigen« Unternehmen?
- Passt die Anzahl der Erwerbstätigkeitsstunden?
- Wenn du in Partnerschaft bist: Fühlt sich eure Aufteilung fair an?
- Gibt es einen Bereich in deinem Leben, den du verändern möchtest, um mehr Spaß in deine täglichen Aufgaben zu bringen?
- Welche Veränderungen könntest du vornehmen, um mehr Zufriedenheit und Freude in deinem Alltag zu erleben?
- Lebst du nach deinen eigenen Werten und Überzeugun-

gen oder versuchst du, den Erwartungen anderer zu entsprechen?
- Wie könnte dein idealer Alltag aussehen und was hält dich davon ab, diesen zu leben?
- Gibt es Träume oder Ambitionen, die du aufgrund von Angst, Unsicherheit oder wegen der Kids zurückgestellt hast?

Dein Alltag sollte nicht zu 80 Prozent aus Kein-Bock-Aufgaben bestehen. Wenn du beginnst, mehr To-dos umzusetzen, die dir Freude machen und für die lästigen To-dos andere Lösungen findest, dann wird dein Kopf-frei-Board auch ein Tadaa-Freude-Board. Dafür darfst du meist grundlegend neue Entscheidungen in manchen Lebensbereichen treffen.

DER *Nordstern-effekt:* DIE KRAFT DER *Orientierung*

Du hast dein Kopf-frei-Board und damit einen sicheren Ort und ein sicheres System für deine To-dos etabliert. Jetzt kann es passieren, dass sich dein Sammelbecken füllt und füllt und dein Board überläuft. Das ist spätestens der Moment, in dem wir uns erschlagen fühlen. Eine Ursache für ein überfülltes Kopf-frei-Board kann der fehlende Nordstern sein.

Dein Nordstern ist deine Lebensvision. Er ist ein Orientierungspunkt für dein Leben, der anzeigt, wo du hin möchtest. Er ist eine Art Wunsch-Version von dir selbst und deinem Leben in der Zukunft. Dieser Nordstern gibt dir Orientierung, so wie der Nordstern am Himmel den Schiffen auf See Orientierung gibt, egal ob das Boot ruhig ist oder sich im Sturm befindet. Dieses Bild kannst du für dich übernehmen. Gerade wenn zu viele Aufgaben auf dich einprasseln, brauchst du einen Nordstern, um die richtige Richtung einzuschlagen.

Der häufigste Grund, warum uns die Priorisierung von einzelnen To-dos schwerfällt, ist, dass wir gar nicht genau wissen, was wir wollen. Sprich, wir haben keinen klaren Nordstern, der uns Orientierung gibt.

Hast du Wünsche und Ziele? Hast du ein Bild davon, wohin du dich in deinem Leben entwickeln möchtest? Oft erzählen wir uns innerlich tagtäglich Geschichten darüber, warum unser Leben so ist, wie es jetzt ist, und dass wir auch ein Stück weit da einfach so durchmüssen. Wir denken bis zu 80 000 Gedanken am Tag, und die meisten davon sind immer wieder dieselben. Deine Gedanken beeinflussen dich. Erzählst du dir, was alles nicht geht, oder erzählst du dir, was du möglich machen möchtest? Wovon träumst du? Wohin willst du?

SEI DIE KAPITÄNIN DEINES LEBENS

Du darfst dir einen Nordstern bauen, eine Lebensvision, die motivierende und gegebenenfalls konkrete Vorstellungen von einem Zustand beinhaltet, den du in deinem Leben erreichen willst. Wenn dein Leben ein Boot ist und du die Kapitänin dieses Bootes, dann musst du dem Boot und damit dem Leben sagen, wohin du möchtest. Sonst landest du irgendwo, bleibst stehen oder fährst immer im Kreis. Das kostet viel Kraft.

Du kannst es dir vorstellen, als säßest du in einem Taxi und würdest einsteigen, ohne zu sagen, wohin du fahren möchtest. Was passiert dann? Vermutlich nichts. Das Taxi fährt vielleicht nicht los, oder es fährt einfach irgendwohin. Du bist auf jeden Fall passiv und lässt dich treiben. Wenn du in das Taxi steigst und der Fahrerin sagst, dass du nach München möchtest, dann landest du in München. Vielleicht gefällt es dir dort, vielleicht musst du auch spezifischer werden und den Straßennamen und die Hausnummer nennen. Nur wenn du konkret sagst, wohin du willst, wirst du genau dort ankommen. Sicher wird es immer noch Staus, Baustellen oder sogar Pannen geben – die Richtung ist festgelegt, und deine Reise geht weiter.

Die richtigen Entscheidungen zu treffen, wenn du weißt, wohin du willst, ermöglicht es dir, alle To-dos und Anfragen, die von außen auf dich zukommen, zu überprüfen. Zahlt das auf deinen Nordstern ein? Bringt es dich deinem Nordstern ein Stück näher? Wenn ja, dann folge dem. Wenn nicht, dann sag Nein. Du wirst klarer in deinem Denken, und es fällt dir leichter, Entscheidungen zu treffen und auch zu lernen, dich abzugrenzen.

Bist du dir im Klaren darüber, was du möchtest, besonders was die Vereinbarkeit von Familie und Beruf angeht? Wie viele

Stunden möchtest du erwerbstätig sein, bei welchem Arbeitgeber möchtest du arbeiten? In der Selbstständigkeit: Mit welchen Kundinnen in welchem Bereich möchtest du arbeiten? Wie viel möchtest du verdienen? Wie viel Zeit möchtest du mit deinen Kindern verbringen? Wie sollen die Kinder betreut werden? Wenn du hier klare Vorstellungen hast und Entscheidungen für dich triffst, schaffst du dir nach und nach deinen Nordstern.

Lebenswege in *This is us*: Vom Finden und Folgen des Nordsterns

Die Serie *This is us* veranschaulicht auf eine wunderbare Weise das Konzept des Nordsterns. Sie entführt uns in die individuellen Lebenswege der Familienmitglieder mit all ihren Herausforderungen, Träumen, Höhen und Tiefen. Diese Serie macht deutlich, wie wichtig es ist, Klarheit über die eigenen Ziele und Träume im Leben zu haben. Jeder Charakter in *This is us* hat seinen eigenen Nordstern – ein Symbol für die eigenen Wünsche und Ziele, die sich im Laufe des Lebens entwickeln und verändern können und gleichzeitig Orientierung bieten. Dabei ist wichtig: Nicht immer ist der Nordstern total klar. Er entwickelt sich weiter und verändert sich durch Lebenserfahrungen.

Genau wie die Pearsons in der Serie lernen wir durch die Kopf-frei-Methode, unseren eigenen Weg zu erkennen und zu beschreiten. Die Methode lehrt uns, unsere täglichen Aufgaben und Verpflichtungen so zu organisieren, dass sie uns unseren persönlichen Zielen und unserem Nordstern näherbringen. Wenn wir lernen, unsere To-dos effektiv zu managen und Prioritäten zu setzen, die mit unserem Nordstern im Einklang stehen, ermöglicht uns das, ein erfüllteres und ausgeglicheneres Leben zu führen – ganz im Sinne der Charaktere in *This is us*.

Navigiere zu deinem Nordstern: Fragen für deine Lebensvision

Bist du dir über deinen Nordstern noch unsicher? Diese Fragen können dir helfen, ihn zu finden. Und sobald du weißt, was dir wichtig ist und dich leiten soll, kannst du dir genau diese Aspekte vornehmen und in konkreten Handlungsschritten über dein Kopf-frei-Board führen.

- Was sind deine kurz- und langfristigen Ziele? In welchen Lebensbereichen möchtest du etwas erreichen? Wofür möchtest du deine Zeit und Energie verwenden?
- Was würdest du tun, wenn du nicht scheitern könntest? Angenommen, egal, was du jetzt tust, es wird erfolgreich: Was würdest du dann tun?
- Stelle dir vor, eine Fee erfüllt dir heute Nacht alle Wünsche, die dann dauerhaft in Erfüllung gehen. Was würdest du dir wünschen? Wie würde dein idealer Alltag aussehen? Beschreibe oder visualisiere einen typischen Tag in diesem neuen Leben.
- Welche Gefühle sollen dich in der Zukunft begleiten?
- Wie möchtest du, dass dein Kind sich an dich erinnert, wenn es an die gemeinsame Zeit mit dir in seiner Kindheit denkt?
- Welche Gefühle strebst du in deiner Partnerschaft an? Wie fühlt sich eine erfüllte Beziehung in deiner Wunschvorstellung im Alltag an?
- Welche Emotionen möchtest du in deinem Beruf erleben?
- Wie soll dein Verhältnis zu Geld und finanzieller Freiheit aussehen?
- Welche Hobbys möchtest du ausleben?
- Welche bedeutsamen Erfahrungen möchtest du machen?

- Wonach suchst du in diesem Leben, und was möchtest du finden, damit es sich für dich gelohnt hat?
- Welche deiner Persönlichkeitsmerkmale möchtest du am stärksten ausleben?
- Was möchtest du noch lernen?
- Welche Fähigkeiten möchtest du weiterentwickeln?
- Welche Länder und Städte möchtest du besucht haben?
- Was sind deine Ziele mit Blick auf Körper und Gesundheit?
- Wenn du den Rest deines Lebens nur noch mit denselben zehn Menschen verbringen könntest, welche wären das?
- Was ist das eine, was du eigentlich gerne tun würdest?
- Wen bewunderst du und warum?
- Wie willst du es (dein Leben / deinen Alltag / etc.) haben?

KURZFRISTIG KONKRET ODER LANGFRISTIG VISIONÄR

Vielleicht fragst du dich, wie weit entfernt du den Nordstern formulieren sollst? Hier gibt's keine richtige oder falsche Antwort, sondern es kommt auf deine persönliche Vorliebe an. Ich empfehle dir einen Nordstern für die kommenden zwölf Monate. Das gibt dir genügend Spielraum, um echt was zu bewegen, dich Herausforderungen zu stellen und deinen eigenen Weg zu gehen. Gleichzeitig ist das nah genug, damit du es dir realistisch vorstellen kannst. Meistens sind diese Einjahresnordsterne ziemlich konkret und du kannst daraus direkt handfeste To-dos ableiten und über dein Kopf-frei-Board führen.

Auf der anderen Seite hat ein Nordstern, der zeitlich nicht festgelegt ist und irgendwann in der Zukunft liegt, auch seine Vorteile. Stell dir vor, du fragst dich: »Was wäre, wenn wirklich alles möglich ist? Was möchte ich dann erreichen?« Diese Art von Nordstern öffnet dir den Raum für Träume und Visionen. Das Tolle daran ist, dass manchmal die Dinge auf diesem großen Nordstern schneller Realität werden als gedacht. Dort stehen meist die großen, kühnen Träume, die zu Beginn fast unmöglich scheinen. Genau dieser Nordstern kann ein starker Leuchtturm in deinem Leben sein, der dir erlaubt, groß zu denken und dir nicht selbst im Weg zu stehen.

Was fühlt sich für dich richtig an? Bei mir ist es so: Ich habe sowohl einen ganz konkreten Nordstern für jedes Jahr – den ich jeweils zum Jahresende für das nächste Jahr festlege – als auch einen großen, weitreichenden Traum-Nordstern. Den großen Nordstern passe ich dann an, wenn es sich stimmig anfühlt.

Eine kleine Geschichte dazu: Auf meinem großen Nordstern stand dieses Buch. Im Oktober 2022 kam mir die Idee dazu. Als ich mir die Frage stellte, »Wie will ich es haben, wenn alles möglich ist?«, kam die Idee für das Buch ganz spontan auf. Ich nahm sie in meinen langfristigen Nordstern auf. Und tatsächlich, im April 2023 kam dann ganz unerwartet die Anfrage vom Verlag. Bis dahin hatte ich noch nichts Konkretes unternommen, um diesen Traum Wirklichkeit werden zu lassen. Es kam einfach auf mich zu. Das ist die Magie des Lebens, die zeigt, wie mächtig ein klar formulierter Nordstern sein kann.

INSPIRATION

Nordstern leicht gemacht: Entdecke die Kraft des Moodboards

Fällt es dir schwer, einen detaillierten Nordstern zu erstellen? Dann könnte ein Moodboard genau das Richtige für dich sein. Ein Moodboard ist eine visuelle Darstellung deiner Stimmungen, Gefühle, Träume und Inspirationen. Es kann aus Bildern, Texten, Farben und Objekten bestehen, die dich emotional ansprechen und deine Vorstellungen und Wünsche widerspiegeln.

Die Vorteile eines Moodboards liegen in seiner Flexibilität und intuitiven Nutzung. Du bist nicht darauf beschränkt, konkrete Ziele oder Pläne festzuhalten, sondern kannst stattdessen eine Atmosphäre oder ein Gefühl einfangen, das deinen Idealvorstellungen entspricht. Dies macht es besonders hilfreich für alle, die sich schwertun, ihre Zukunft in spezifischen Details zu planen. Ein Moodboard kann dir helfen, eine Richtung zu finden, selbst wenn du noch nicht genau weißt, wohin die Reise gehen soll.

Deinen Nordstern zu visualisieren, ist ein kreativer und inspirierender Prozess. Du hast unzählige Möglichkeiten. Ob du ein digitales Visionboard mit einem Tool wie Canva.com erstellst oder lieber traditionell mit einer handgefertigten Collage aus Zeitschriftenschnipseln, Postkarten und Stickern arbeitest, bleibt ganz dir überlassen. Du kannst auch eine Mindmap zeichnen, auf der du deine Ziele und Träume festhältst. Oder vielleicht ziehst du es vor, ein paar aussagekräftige Sätze aufzuschreiben oder eine einfache Skizze zu erstellen. Wichtig ist, dass dein Nordstern dir persönlich gefällt und dich inspiriert. Es gibt hier kein Richtig oder Falsch – nur das, was für dich funktioniert.

INSPIRATION

Lass Miss Perfect zu Hause

In meiner Arbeit fällt mir immer wieder auf, dass die meisten Frauen jetzt die innere Perfektionistin rausholen. Sie wollen ihren Nordstern cool auf einem Visionboard visualisieren und fangen damit nicht an, weil sie es perfekt machen wollen. Deswegen denk dran: *Better done than perfect*. Es geht jetzt nicht darum, den perfekt visualisierten Nordstern zu kreieren. Es geht darum, herauszufinden, was du wirklich möchtest, und das irgendwie festzuhalten. Es kann ebenso ausreichen, deinen Nordstern einfach auf ein Blatt Papier zu schreiben.

PLATZIERE DEINEN NORDSTERN

Sobald du deinen Nordstern erstellt hast, ist es Zeit, ihm einen besonderen Platz in deinem Leben zu geben. Abhängig von seiner Form und Gestaltung kannst du ihn an verschiedenen Orten platzieren. Ein handgeschriebener Zettel oder eine Postkarte findet vielleicht in deinem analogen Kalender Platz. Eine größere Collage kannst du an einer Wand in deinem Schlafzimmer oder Arbeitsbereich aufhängen. Für die digitalen Visionboards oder Zeichnungen: Wie wäre es als Bildschirmschoner auf deinem Smartphone oder Laptop? So hast du deinen Nordstern immer im Blick.

Ich selbst liebe es, mit verschiedenen Methoden zu experimentieren und habe daher schon alles ausprobiert – ich bin der typische Trial-and-Error-Typ. Momentan gestalte ich meinen Nordstern digital und lasse ihn mir als Poster drucken. Dieses Poster hängt dann in meinem Büro direkt über meinen Bildschirmen. So fällt mein Blick im Laufe des Tages immer wieder darauf, was mich motiviert und auf Kurs hält.

ANGST, GROSS ZU TRÄUMEN?

Verständlicherweise kann es Furcht einflößen, einen Nordstern zu erstellen und große Träume oder Ziele zu setzen. Die Befürchtung, sie möglicherweise nicht zu erreichen, ist eine natürliche Reaktion. Es ist wichtig zu verstehen, dass der Nordstern nicht als Quelle von Stress oder als unerschöpfliche Selbstoptimierungsliste gedacht ist. Er ist vielmehr ein Inspirations- und Orientierungspunkt, der dir eine Richtung weist, ohne dich zu überfordern.

Akzeptiere zuerst, dass es normal ist, Angst vor dem Scheitern zu haben. Diese Gefühle anzuerkennen, ist ein wichtiger Schritt. Dein Nordstern soll dich inspirieren und leiten, nicht unter Druck setzen. Er ist flexibel und anpassbar und keine feste Liste von Zielen, die du erreichen musst. Konzentriere dich auf den Prozess und nicht nur auf das Ergebnis. Der Weg zu deinem Nordstern ist genauso wichtig wie das Erreichen der Ziele. Dein Nordstern sollte eine Sogwirkung haben, ein attraktiver Orientierungspunkt sein, an dem du dich gerne ausrichtest. Er soll dir helfen, dich in eine positive Richtung zu bewegen, ohne unerschöpflichen Zwang zur Selbstoptimierung zu erzeugen. Denk daran, der Nordstern ist ein Wegweiser und keine Checkliste.

Lass uns hier noch mal unterscheiden. Bei einem Nordstern, den du dir gezielt für einen Zeitpunkt in zwölf Monaten setzt, empfiehlt es sich, mit konkreten Zielen zu arbeiten. Zum Beispiel einmal pro Woche zum Sport zu gehen oder das Gehalt um 10 Prozent zu erhöhen. Diese Ziele können in kleinere, handhabbare Schritte aufgeteilt werden, um daraus To-dos für dein Kopffrei-Board zu formulieren. Zusätzlich reduzieren sie das Gefühl von Überwältigung. Du kannst dir dann zuerst ein Ziel deines Nordsterns vornehmen und die konkreten To-dos dafür ins Sammelbecken führen. Beim Beispiel »Einmal die Woche Sport« könnten deine To-dos sein: Zeitfenster im Wochenplan festlegen, Kinderbetreuung sicherstellen, Sportkurs finden, Probetraining machen usw.

Bei einem visionären Nordstern schreiben wir absichtlich magische Ziele und Wünsche auf. Wenn alles möglich ist, dann ... Bei diesem Nordstern geht es weniger darum, konkrete Ziele abzuarbeiten. Es geht um Ausrichtung, Träumen und die Route festlegen. Ich persönlich habe viele Aspekte in meinem Nordstern (noch) nicht erreicht. Manche Dinge davon sind wieder rausgeflogen. Andere stehen weiterhin darauf. Ob ich je alle erreichen werde? Ich weiß es nicht. Und was wirklich crazy ist: Manches davon ist einfach passiert. Auf einmal haben sich Dinge wie von Zauberhand ergeben.

MEIN TIPP

Kreiere deinen Nordstern – finde deine Richtung im Leben

Nimm aus diesem Kapitel den Gedanken mit: »Wie will ich es haben?« Stelle dir diese Frage immer wieder, zum Beispiel bei der Einschlafbegleitung deines Kindes oder wenn du gerade im Stau stehst. Beginne damit, deinen Nordstern zu kreieren. Dafür darfst du dich immer wieder mit dieser Frage beschäftigen. Schreib dir nach und nach alles auf. Nimm dir gerne mal eine Timebox für Me-Time und notiere alles dazu in einem Rutsch oder erstelle ein Visionboard. Denke daran, es muss nicht perfekt sein, es darf dich motivieren und inspirieren. Der Nordstern ist jederzeit veränderbar.

HÄUFIG *gestellte* FRAGEN

Bevor dieses Buch auf die Zielgerade einbiegt, hör einmal in dich hinein: Hast du noch eine Frage zur Methode? Im Folgenden habe ich dir die am häufigsten gestellten Fragen beantwortet:

Du fragst dich vielleicht …

WAS KOMMT IN DEN KALENDER UND WAS AUF DAS KOPF-FREI-BOARD?

Der Kalender ist der Ort für all die Termine und Verabredungen, die an eine bestimmte Uhrzeit oder ein spezifisches Datum gebunden sind. Denk dabei an Meetings, geplante Telefonate oder Verabredungen. Wenn du zum Beispiel jemanden anrufen musst und weißt, dass diese Person montags zwischen 9 und 10 Uhr erreichbar ist, dann markiere dies als Termin in deinem Kalender. Ist die Person hingegen generell erreichbar, ohne eine feste Zeitbindung, dann notiere diese Aufgabe auf deinem Kopf-frei-Board.

Grundsätzlich gilt: Aufgaben, die nicht an eine feste Uhrzeit gebunden sind, haben ihren Platz auf deinem Board. Nur diejenigen, die zeitlich fixiert sind, wandern in deinen Kalender. So behältst du stets den Überblick und kannst deinen Tag effizient planen. Siehe dazu auch die nächste Frage.

WIE GEHE ICH MIT AUFGABEN UM, DIE EIN FÄLLIGKEITSDATUM HABEN?

Um Aufgaben mit Fälligkeitsdatum effektiv zu managen, kannst du verschiedene Methoden nutzen, sowohl analog als auch digital. Wenn du beispielsweise eine berufliche Aufgabe hast, die bis zu einem bestimmten Zeitpunkt fertig sein muss, ist es wichtig, dieses Datum deutlich auf der entsprechenden Karte zu vermerken. Bei einem analogen Board machst du das handschriftlich, bei einem digitalen Board nutzt du die technischen Möglichkeiten. Bei den meisten Tools kannst du ein Fälligkeitsdatum setzen und dich als Mitglied der Karte markieren, um Erinnerungen zu erhalten.

Auch für private Aufgaben ist die Nutzung eines Fälligkeitsdatums sinnvoll. Angenommen, du musst ein Geburtstagsgeschenk besorgen, weil dein Kind zu einem Kindergeburtstag eingeladen ist – auch diese Aufgabe hat eine Deadline. Alternativ kannst du Erinnerungsapps nutzen.

Wenn du eine Erinnerung zu einem Deadline-To-do siehst, wie etwa das Abgabedatum eines Konzepts am Freitag, kannst du diese Karte auf deinem Kopf-frei-Board an die oberste Stelle in der To-do-Spalte schieben, um sie zeitnah zu erledigen.

KOMMEN DIE TO-DOS AUS DEN E-MAILS AUF DAS KOPF-FREI-BOARD?

Es ist möglich, E-Mails über das Kopf-frei-Board laufen zu lassen. Wenn du deine E-Mails durchgehst, kannst du alle Aufgaben, die länger als zwei Minuten dauern, als To-dos auf dein Kopf-frei-Board übertragen. Achte darauf, diese dann erst später zu bearbeiten – außerhalb deiner E-Mail-Timebox. Für schnellere Aufgaben, die weniger als zwei Minuten in Anspruch nehmen, greife auf das Sofort-umsetzen-Prinzip aus dem Kapitel *Die Kopf-frei-Prinzipien* zurück und erledige sie direkt während deiner E-Mail-Zeit. Das macht deine E-Mail-Bearbeitung effizienter und beschleunigt den Prozess.

Diese Methode funktioniert gut für die meisten privaten To-dos und auch in Arbeitsumgebungen, in denen nicht allzu viele Aufgaben per E-Mail kommen. In Unternehmen, in denen intensiv über E-Mails kommuniziert wird und du lange, dringende E-Mails erhältst, könnte der Weg über einzelne To-dos auf dem Kopf-frei-Board ein Umweg sein. In solchen Fällen ist es effizienter, die E-Mail direkt an dein Kopf-frei-Board zu senden. Die meisten digitalen Tools bieten diese Möglichkeit und stellen für dein Board eine eigene E-Mail-Adresse zur Verfügung, an die du einfach weiterleiten kannst. Du bearbeitest dann jede E-Mail in einer separaten Timebox und wenn du fertig bist, gehst du zum nächsten To-do über.

Oft enthalten solche E-Mails mehrere zusammenhängende Aufgaben, die effektiver gemeinsam bearbeitet werden können. Mehr dazu erfährst du im Kapitel *Der grundlegende Flow: Die fünf plus eins Schritte zur effektiven Umsetzung*.

Es gibt kein Richtig oder Falsch. Probiere eine Methode für eine Woche aus, reflektiere in der Review und teste dann in der nächsten Woche die andere Variante. Basierend auf deiner Erfahrung kannst du die für dich passende Methode auswählen. Vermeide es, deinen Posteingang als eine zusätzliche To-do-Spalte zu nutzen, da dies schnell unübersichtlich werden kann und zu einer unproduktiven Arbeitsweise führt.

SOLLTEN WIEDERKEHRENDE AUFGABEN AUCH ÜBER DAS KOPF-FREI-BOARD GEFÜHRT WERDEN?

Mit der Kopf-frei-Methode kannst du wiederkehrende Aufgaben effizient handhaben. Nehmen wir als Beispiel das Vorbereiten eines Quartalsmeetings. Du erstellst eine Karte mit dem Titel »Quartalsmeeting Q1 vorbereiten«. Sobald diese Aufgabe erledigt ist, ziehst du sie in die Done-Spalte. Anschließend legst du gleich eine neue Karte für das »Quartalsmeeting Q2 vorbereiten« an. Wenn du digital arbeitest, nutze die praktischen Funktionen deines Tools wie Fälligkeitsdatum und Erinnerungen, um im richtigen Moment an die anstehenden Aufgaben erinnert zu werden.

Alltägliche Routinen, die du schon fest im Griff hast oder die du sogar outsourcen konntest, müssen nicht unbedingt auf deinem Kopf-frei-Board landen. Dazu zählen Dinge wie Wäsche waschen oder den Geschirrspüler ausräumen. Diese Routineaufgaben würden dein Board nur unnötig überladen. Andererseits: Wenn du merkst, dass du bestimmte Tätigkeiten, wie zum Beispiel das Bettenbeziehen, oft vergisst und sie seltener erledigst, als dir lieb ist, dann ist es sinnvoll, sie als wiederkehrende Aufgabe auf deinem Board zu führen.

Wiederkehrende Aufgaben können auch Freizeitaktivitäten oder ein Sport sein. Viele Eltern wählen hier etwas, das sie flexibel machen können, Joggen zum Beispiel. Um dafür eine gute Routine zu entwickeln, kannst du jede Woche die Karte »joggen gehen« in das Sammelbecken legen. Dann ziehst du es in deine To-do-Spalte und gehst in dieser Woche dann joggen, wenn es dir passt. So hast du den Reminder, laufen zu gehen, und bist dennoch zeitlich flexibel.

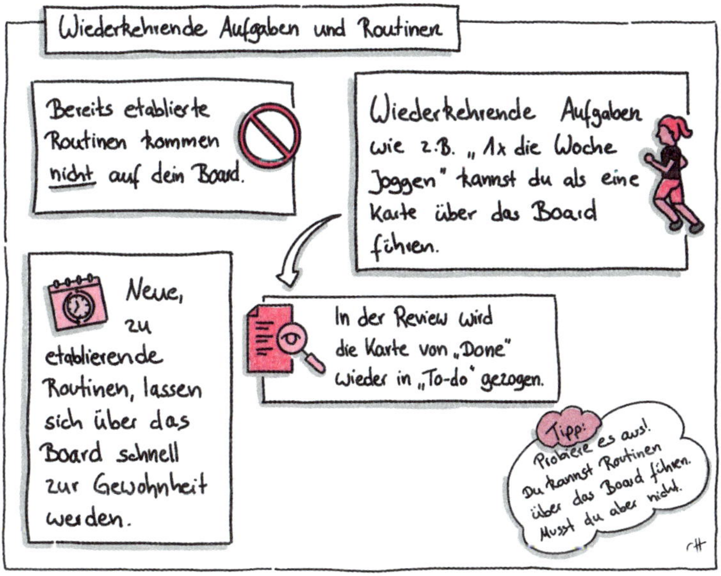

INSPIRATION

Automatisieren: Wiederkehrende To-dos leicht gemacht

Für alle, die digitale Tools nutzen: Automatisiere deine wiederkehrenden Aufgaben. Viele Tools bieten die Möglichkeit, eine Automation einzurichten, sodass immer, wenn eine markierte Aufgabe erledigt und in Done verschoben wird, automatisch eine neue Karte mit demselben Titel im Sammelbecken erstellt wird. So behältst du den Überblick und kannst deine wiederkehrenden Aufgaben effizient managen.

WAS KANN ICH TUN, WENN ES ZU VIELE AUFGABEN SIND?

Wenn du das Gefühl hast, dass es zu viele Aufgaben sind, ist es an der Zeit, genauer hinzuschauen. Denn ja, die meisten Mütter und berufstätigen Eltern haben tatsächlich eine überwältigende Menge an Aufgaben. Allein die Betreuung eines Kindes rund um die Uhr entspricht der Arbeit von 2,5 Vollzeitjobs, wie eine US-amerikanische Studie vor ein paar Jahren ergab. Es ist also kein Wunder, dass du abends erschöpft bist oder oft das Gefühl hast, es sei alles zu viel. Das Gute daran ist: Du hast die Macht, das zu ändern! Du kannst Aufgaben reduzieren.

Wie? Hier sind einige Ideen:

- Sag Nein zu neuen Aufgaben: Oftmals nehmen wir mehr an, als wir bewältigen können. Lerne, Aufgaben abzulehnen, sei es im privaten oder beruflichen Bereich. Sag zum Beispiel Nein zu zusätzlichen Projekten am Arbeitsplatz oder Nein zu Aufgaben, die nicht unbedingt notwendig sind.
- Überprüfe deine aktuellen Verantwortungen: Gehe deine Verpflichtungen durch und frage dich, ob sie zu deinem Nordstern, deiner Lebensvision, beitragen. Wenn nicht, solltest du überlegen, ob du diese Verantwortungen abgeben kannst. Lies zum Nordstern das Kapitel *Der Nordsterneffekt*.
- Prüfe die Aufteilung in eurer Familie: Gerade unter Eltern ist es wichtig, dass die Aufgaben fair verteilt sind. Sprich mit deinem Partner oder der Partnerin und findet eine Lösung, die für euch beide funktioniert.
- *Better done than perfect*: Lerne, dass 80 Prozent oft ausreichend sind. Du musst nicht immer alles perfekt machen.

- Reduziere die Anzahl an parallelen Projekten: Viele Dinge gleichzeitig zu tun, kann sehr belastend sein. Versuche, deine Projekte nacheinander statt parallel zu bearbeiten.
- Schließe offene Projekte ab: Angefangene Projekte, die du nicht zu Ende geführt hast, können mental belastend sein. Versuche, sie zu beenden oder, falls nicht mehr relevant, sie loszulassen. Siehe dazu auch das Kapitel *Die Kopf-frei-Prinzipien*.
- Werde Aufgaben los: Manche Aufgaben sind nicht zwingend notwendig. Überlege, was du weglassen oder vereinfachen kannst, Stichwort Stop-doing-Liste.
- Mach Aufgaben seltener: Das geht besonders gut im Haushalt. Fensterputzen nicht mehr einmal im Monat, sondern nur noch einmal im Jahr. Oder die Regenhose des Kindes nur noch waschen, wenn die ursprüngliche Farbe so gar nicht mehr zu erkennen ist. Ansonsten reicht aufhängen, trocknen lassen, Dreck abschütteln. Der Vorteil: Die Regenhose bleibt länger dicht.
- Nimm Hilfe an und suche sie gezielt: Sei es im Haushalt, bei der Kinderbetreuung oder im beruflichen Kontext – es gibt viele Möglichkeiten, Unterstützung zu bekommen.

Ein Alltag überfüllt mit Aufgaben und Dauerstress kann uns daran hindern, ein wirklich gutes Leben zu führen. Triff bewusste Entscheidungen darüber, wie du deine Zeit verbringen möchtest. Du hast es in der Hand, dein Leben so zu gestalten, dass du sowohl effizient als auch entspannt sein kannst.

WIE GEHE ICH MIT TO-DOS UM, DIE IN DER ZUKUNFT LIEGEN? MACHT EIN ARBEITSVORRAT NACH MONATEN ODER QUARTALEN SINN?

Wenn es um To-dos geht, die weiter in der Zukunft liegen, ist es wichtig, sie richtig zu kategorisieren und zu organisieren. Aufgaben, die du vielleicht in der Zukunft angehen möchtest, aber noch unsicher bist, ob und wann, gehören in die Irgendwann-vielleicht-Spalte deines Kopf-frei-Boards. Hier kannst du sie sicher parken, ohne dass sie dich im Alltag belasten oder ablenken. Mehr zu dieser Spalte findest du im Kapitel *Gedanken, Ideen, Projekte, Partnerschaft*.

To-dos, die definitiv erledigt werden müssen und noch in ferner Zukunft liegen, kannst du ebenfalls auf deinem Board einplanen. Du positionierst sie weiter unten in der To-do-Spalte. Alles, was oben in der Spalte steht, hat eine höhere Priorität. Wenn du viele solcher zukünftigen Aufgaben hast, wie beispielsweise einen bevorstehenden Umzug in zehn Monaten, kann es sinnvoll sein, eine eigene Spalte dafür anzulegen, um das Projekt übersichtlich zu halten.

Einen Arbeitsvorrat nach Monaten oder Quartalen zu erstellen, empfehle ich in den meisten Fällen nicht. Das kann schnell dazu führen, dass du in ein klassisches Planungsmuster verfällst, das weniger flexibel und agil ist. Die Kopf-frei-Methode zielt darauf ab, sich auf das Hier und Jetzt zu konzentrieren. Zu weit in der Zukunft liegende Planungen können dich davon ablenken und den Fokus auf aktuelle Prioritäten stören. Stattdessen geht es darum, ein Gleichgewicht zwischen aktuellen Aufgaben und zukünftigen Vorhaben zu finden, ohne sich in zu detaillierten oder starren Planungen zu verlieren.

WIE GEHE ICH MIT TO-DOS UM, DIE JAHRE IN DER ZUKUNFT LIEGEN?

Ich hatte mal eine Teilnehmerin in meinem Onlinekurs *Mission: Kopf-frei! Wie du mehr erledigst und weniger machst!*, die sich notieren wollte, dass sie in fünf Jahren die Fahrradhelme der Kinder austauscht. Das Material der Helme kann mit der Zeit porös werden, sodass ein Wechsel auch ohne optische Mängel ratsam ist. Jedoch sind solche in ferner Zukunft liegenden Aufgaben nicht unbedingt etwas für das Kopf-frei-Board. Der Grund: Sie würden dein Board nur unnötig überladen und dich bei jeder Review daran erinnern, dass die Fahrradhelme irgendwann ausgetauscht werden müssen. Das widerspricht dem Ziel der Entlastung, das das Kopf-frei-Board verfolgt.

Bevor du eine solche Aufgabe notierst, darfst du überlegen, ob dies wirklich notwendig ist. Bei uns zu Hause hat noch kein Fahrradhelm der Kinder fünf Jahre gehalten. Sie wurden zu klein, gingen kaputt oder wir haben sie verloren. Auch mein eigener Helm musste nach einigen Jahren ausgetauscht werden, weil er einfach abgenutzt war. Daher schreibe ich mir persönlich nicht auf, dass ich in fünf Jahren einen neuen Fahrradhelm kaufen soll. Wenn du solche weit in der Zukunft liegende Aufgaben dennoch notieren möchtest, empfehle ich eher, eine Erinnerungsapp zu verwenden oder ausnahmsweise einen Reminder in deinem digitalen Kalender zu setzen.

WIE GEHE ICH MIT SAMMELBECKENKARTEN UM, DIE ICH DELEGIERE?

Beim Umgang mit Sammelbeckenkarten, die du delegierst, sind ein paar Schritte wichtig. Zuerst erledigst du alles, was vor der Delegation notwendig ist. Das kann bedeuten, dass du die Aufgabe genau definierst oder benötigtes Informationsmaterial zusammenträgst. Sobald diese Vorarbeiten erledigt sind, erfolgt die Delegation. Ist die Aufgabe übergeben, verschiebst du die Karte in die Spalte *Warten auf Rückmeldung*. Hierbei ist es wichtig, dass du mit der Person, an die du delegierst, vereinbarst, dass sie dich informiert, sobald die Aufgabe abgeschlossen ist. Sobald du diese Rückmeldung erhältst, kannst du die Karte in Done verschieben. Kommt keine Rückmeldung, obwohl die Aufgabe eigentlich erledigt sein sollte, kannst du nachhaken. Dieses Vorgehen hilft dir, den Überblick zu behalten und sicherzustellen, dass Aufgaben nicht in Vergessenheit geraten. Besonders im beruflichen Kontext und für Führungskräfte ist dies eine effektive Methode.

Im privaten Bereich rate ich eher dazu, Aufgaben im Rahmen der Partnerschaft aufzuteilen, statt sie zu delegieren. Eine Ausnahme bildet die Konstellation, in der du die Rolle der Familienmanagerin einnimmst und dein Partner oder deine Partnerin in einer Art Mitarbeiterrolle agiert. Wenn du Aufgaben an externe Dienstleister wie eine Haushaltshilfe oder an Familienmitglieder delegierst, kannst du das To-do meist direkt in Done verschieben, ohne die Spalte Warten auf Rückmeldung zu nutzen – etwa wenn die Oma das Kind von der Kita abholt.

LEERE ICH JEDEN TAG (MORGENS) DAS SAMMELBECKEN?

Ja, du leerst täglich dein Sammelbecken. Mindestens einmal, gerne häufiger. Zu welcher Tageszeit du das machst, ist dir überlassen. Der Morgen hat den Vorteil, dass du sortierter in den Tag startest, weil du durch das Kopf-frei-Board einen guten Überblick hast. Ebenso kannst du zusätzlich am Abend auf dein Kopf-frei-Board schauen. Das kann ein guter Abschluss für deinen Tag sein. In meiner Elternzeit habe ich meist ein- bis zweimal mein Sammelbecken geleert und mein Kopf-frei-Board sortiert. In meinen Bürozeiten leere ich vor jeder Pause das Sammelbecken.

WAS TUN, WENN MEINE IRGENDWANN-VIELLEICHT-SPALTE ÜBERLÄUFT?

Wenn deine Irgendwann-vielleicht-Spalte überquillt, aber alle Dinge zu deinem Nordstern passen, gibt es mehrere Strategien, um damit umzugehen:

- **Re-Evaluierung:** Gehe die Liste durch und prüfe jede Aufgabe erneut. Manchmal verändern sich Prioritäten und manche Dinge sind nicht mehr so relevant oder attraktiv, wie sie einmal waren.
- **Unterteilung in Kategorien:** Organisiere die Aufgaben in Unterkategorien. Dies könnte nach Bereichen wie berufliche Entwicklung, persönliche Ziele, Kinder, Hobbys usw. geschehen. Das hilft dir, einen besseren Überblick zu bewahren und Prioritäten zu setzen.

- **Prioritäten setzen:** … und zwar innerhalb jeder Kategorie. Welche Aufgaben bringen dich deinem Nordstern am nächsten? Welche sind nur *nice to have*? Konzentriere dich zuerst auf die wichtigsten.
- **Zeitrahmen festlegen:** Überlege, ob einige Aufgaben in einem bestimmten Zeitrahmen umgesetzt werden sollten. Dies hilft, den Fokus auf die dringlichsten oder zeitsensitivsten Aufgaben zu lenken.
- **Regelmäßige Reviews:** Überprüfe die Irgendwann-vielleicht-Spalte regelmäßig, um sicherzustellen, dass sie aktuell und überschaubar bleibt.
- **Entscheidungen treffen:** Manchmal ist es notwendig, harte Entscheidungen zu treffen und einige Dinge loszulassen, um sich auf das Wesentliche zu konzentrieren. Erinnere dich daran, dass es nicht darum geht, *alles* zu tun, sondern *die richtigen* Dinge zu tun. Je länger ich die Kopf-frei-Methode nutze, desto weniger Aufgaben habe ich. Einfach, weil ich Aufgaben immer weiter reduziere. Ich habe jetzt mit drei Kindern und Selbstständigkeit weniger To-dos als 2018 mit zwei Kindern und einer Teilzeitanstellung.

Indem du diese Schritte anwendest, kannst du deine Irgendwann-vielleicht-Spalte effektiver verwalten und sicherstellen, dass sie dich bei der Erreichung deiner Lebensziele unterstützt, anstatt dich zu überwältigen.

ENDSPURT: *Mach's* ZU DEINER *Erfolgs-geschichte*!

Nachdem du bis hierhin gekommen und sogar die Vision deines Nordsterns entworfen hast, ist es Zeit, den nächsten Schritt auf deiner Reise zu einem organisierten und erfüllten Leben mit Familie und Beruf zu machen. Es geht darum, die Verantwortung für dein Leben aktiv zu übernehmen und deine Organisation um deinen Nordstern herum aufzubauen. Hierbei ist es entscheidend, manchmal Nein zu sagen, um dich nicht von äußeren Anforderungen überwältigen zu lassen, sondern stattdessen Prioritäten zu setzen, die dich deinem persönlichen Ziel näherbringen.

Dein Leben, deine Verantwortung. Deine innere Haltung ist entscheidend dafür, wie effektiv die Kopf-frei-Methode funktioniert. Hier ist Persönlichkeitsarbeit gefragt. Das Ziel? Dein Organisationssystem auf deinen Nordstern auszurichten, auch wenn das hin und wieder bedeutet, genau abzuwägen, wofür du deine Energie wirklich einsetzen möchtest.

NEIN SAGEN

Ein Schlüssel zum Erfolg ist die Kunst des Neinsagens. Dies gilt nicht nur zu dir selbst, sondern auch anderen gegenüber. Die Frage, die du bei jeder Anfrage oder Entscheidung beantworten solltest, ist: Trägt das zu meinem Nordstern bei? Dieser Schritt wird erheblich leichter, wenn dein Nordstern klar definiert ist, insbesondere in Bezug auf deine Rolle als Mutter, Partnerin, Freundin und in anderen Bereichen. Wir befinden uns jetzt in der Rushhour unseres Lebens – eine Phase in der wir alles wollen und viel ansteht. Wir möchten die Zeit mit den Kids genießen, uns beruflich weiterentwickeln, vielleicht ein Haus bauen, eine Wohnung renovieren und vieles andere mehr.

Trau dich ruhig: Ein Nein zu anderen ist immer ein Ja zu dir selbst!

Das Wort Nein zu sagen, ist an sich ganz einfach. Es ist ein kurzes, klares Wort, das so ziemlich jeder, der Deutsch beherrscht, aussprechen kann. Die Herausforderung beim Neinsagen liegt jedoch nicht im Wort selbst, sondern in dem, was wir damit verknüpfen: den möglichen Reaktionen oder Konsequenzen. Es geht hier um persönliche Entwicklung und das eigene Mindset.

Viele Mütter finden es schwierig, sich gegenüber den Wünschen ihrer Kinder, Bitten von Freunden oder beruflichen Anfragen abzugrenzen. Oft fühlen sie sich verpflichtet, immer unterstützend und hilfsbereit zu sein. Dieser Drang, es allen recht zu machen und niemanden zu enttäuschen, kann jedoch auf Kosten der eigenen Bedürfnisse und des Wohlbefindens gehen. Deswegen: Hab den Mut, Nein zu sagen. Ich ermutige dich zum Mutausbruch. Einfach mal mutig Nein sagen!

Und so geht's:

1. **Reflektiere deine Grenzen:** Verstehe, was du realistischerweise leisten kannst und was nicht. Dies erfordert ehrliche Selbstreflexion über deine Zeit, Energie und Prioritäten.
2. **Übe dich im bewussten Entscheiden:** Bevor du auf eine Anfrage antwortest, atme tief durch und frage dich: Ist dies wirklich etwas, das ich tun möchte oder kann? Ich empfehle hier den Satz: »Ich denke darüber nach und melde mich bei dir.« Den kannst du ab jetzt immer sagen, wenn dich jemand für etwas anfragt. So vermeidest du ein automatisches Ja und verschaffst dir Zeit, darüber nachzudenken. Wenn du dich dann entschieden hast, Nein zu sagen, dann …

3. **Formuliere dein Nein klar und bestimmt:** Ein klares Nein ist oft wirkungsvoller als ein zögerliches Vielleicht. Direkte und ehrliche Kommunikation ist hier der Schlüssel. Und ganz wichtig: Klarheit ist nicht unhöflich. Du darfst Nein sagen. Du tust das nicht gegen die andere Person, sondern für dich.
4. **Setze Prioritäten:** Erkenne, dass deine Zeit und Energie wertvoll sind. Es ist in Ordnung, deine eigenen Bedürfnisse und die deiner Familie vor andere zu stellen. Und ich lege sogar noch einen drauf. Es ist nicht nur »in Ordnung«, es ist notwendig. Wenn du deine Ressourcen nicht wertschätzt und deine Energie nicht immer wieder auftankst, läufst du irgendwann leer. Davon hat niemand etwas.
5. **Übe regelmäßig:** Das Neinsagen ist eine Fertigkeit, die mit der Übung leichter fällt. Beginne mit kleinen Dingen und arbeite dich zu größeren Anfragen vor. Und auch hier gilt: *Better done than perfect!* Wenn du vorher immer Ja gesagt hast und jetzt Nein sagst, kann es sich erst mal holprig anfühlen und ungewohnt. Einfach machen und üben. Und wie gesagt, nimm dir den Satz: »Ich denke darüber nach und melde mich bei dir.« mit. Der macht es leichter.

Warum es wertvoll ist, Nein zu sagen

Führe dir vor Augen, warum ein Nein so wertvoll für dich ist.

- Mehr Zeit und Energie für das Wesentliche: Indem du Nein zu weniger wichtigen Dingen sagst, kannst du dich auf das konzentrieren, was für dich und deine Familie am meisten zählt.
- Stärkung des Selbstbewusstseins: Jedes Nein bestärkt deine Fähigkeit, für dich einzustehen und deine Grenzen zu setzen.
- Vorbild sein: Du zeigst deinen Kindern, wie wichtig es ist, gesunde Grenzen zu setzen und sich selbst zu respektieren.
- Vermeidung von Überforderung: Ein rechtzeitiges Nein kann dazu beitragen, Stress und Überforderung zu vermeiden.
- Verbesserung der Beziehungsqualität: Ehrliche Kommunikation und das Setzen von Grenzen können zu gesünderen und zufriedenstellenderen Beziehungen führen.

Falls dir das Neinsagen schwerfällt, höre dir gern die Podcast-Episode 115 im *Finde-dein-Mama-Konzept*-Podcast an. Hier gehe ich ausführlicher auf das Thema ein. Du findest die Folge unter *www.carolinhabekost.de/115*

Mit diesem Buch ermutige ich dich, dich jeden Tag mehr mit dir selbst, deinen Denkmustern und deinen Überzeugungen auseinanderzusetzen. Finde heraus, wer du wirklich bist und was du im Leben wirklich willst. Die Kopf-frei-Methode bietet dir die Werkzeuge für eine flexible Planung und ein strukturiertes Vorgehen. Jetzt liegt es an dir, diese Werkzeuge zu nutzen.

INSPIRATION

Selbstcoaching: Reise in die Zukunft

Mach eine mentale Zeitreise: Stell dir vor, du bist im Ruhestand und blickst auf die gegenwärtige Zeit zurück. Welche Bilder und Geschichten möchtest du über die Baby-, Kindergarten- und Schulzeit deiner Kinder erzählen? Woran möchtest du dich mit Blick auf deinen Job erinnern? Welche Gefühle wünschst du dir, die in dir aufkommen? Dieses Gedankenspiel hilft dir dabei, Prioritäten für dein heutiges Leben zu setzen und deinen Nordstern klarer zu gestalten.

GLÜCKWUNSCH – JETZT BIST DU GERÜSTET!

Du hast das Buch durchgearbeitet und damit alles an der Hand, was du brauchst, um mit der Kopf-frei-Methode durchzustarten. Meinen Glückwunsch zu diesem wichtigen Schritt auf dem Weg zu einem entspannteren Alltag!

Jetzt, da du die Grundlagen beherrschst, ist es an der Zeit, das Gelernte in deinem Leben zu verankern. Die Kopf-frei-Methode wird umso wirksamer, je regelmäßiger du sie anwendest. Mach es dir zur Gewohnheit, dein Kopf-frei-Board täglich zu nutzen. Die regelmäßige Review hilft dir, dein Board immer wieder an die aktuellen Anforderungen und Prioritäten anzupassen. Indem du die Inhalte dieses Buches in deinem Alltag integrierst, wirst du feststellen, wie sich deine innere Haltung verändert. Ein freierer Kopf, mehr erledigte Aufgaben und eine größere Lebensfreude werden dich von nun an begleiten!

DEIN FAHRPLAN

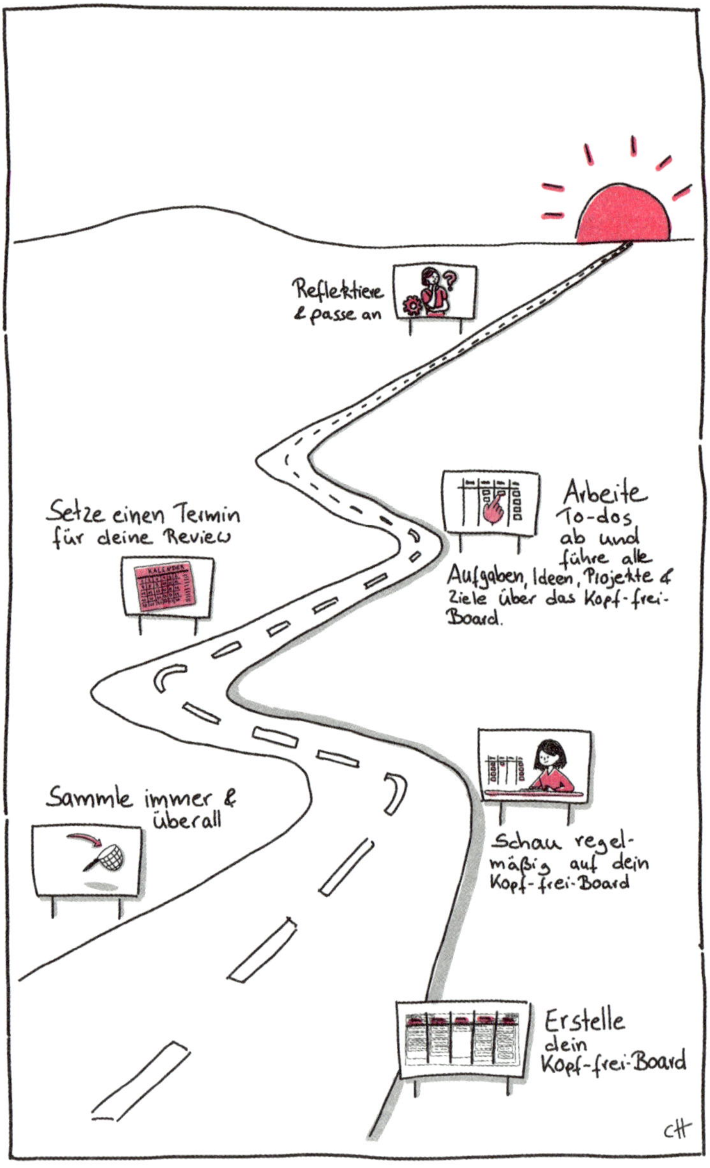

1. **Erstelle dein Board**
   Wenn noch nicht geschehen, lege dir jetzt ein Kopf-frei-Board an. Nutze dafür entweder Klebezettel und eine freie Wand oder richte dir ein digitales Tool ein. Installiere am besten sowohl die App auf deinem Smartphone als auch auf deinem Laptop. Richte dir die Basisspalten Sammelbecken, To-do, Doing, Warten auf Rückmeldung und Done ein.

2. **Beginne mit dem Sammeln**
   Sammle alle To-dos, die dir in den Kopf kommen. Am Anfang sind es meistens sehr viele. Einfach alles sammeln. Mit der Zeit werden es weniger. Starte gerne zu Beginn damit, alles zu notieren, was dir gerade im Kopf umgeht. Danach sammelst du immer und überall, wenn dir etwas in den Sinn kommt. Wenn du die analoge Variante wählst, stelle sicher, dass du immer Klebezettel griffbereit hast. Du kannst eine Packung in deine Handtasche legen oder sie in der Küche bereithalten.

3. **Plane Zeiten, um regelmäßig auf dein Kopf-frei-Board zu schauen**
   Überlege, wann es für dich am besten passt, regelmäßig auf dein Kopf-frei-Board zu blicken. Zu Beginn empfehle ich, dies ein- bis dreimal am Tag zu tun, öfter geht es immer. Wenn du in einem Büro arbeitest, bietet es sich an, am Beginn und am Ende der Arbeitszeit auf das Board zu schauen. Wenn du in Elternzeit bist, ist es sinnvoll, diese Gewohnheit in deine Morgenroutine zu integrieren, zum Beispiel immer nach dem Frühstück das Kopf-frei-Board durchzugehen.

4. **Setze einen festen Termin für die Review**

   Lege einen wöchentlichen Termin für deine Review fest. Es ist empfehlenswert, sie am Ende der Woche zu planen, um die Woche zu reflektieren. Blocke zu Beginn 30 Minuten für die Review und trage diesen festen Termin in deinem Kalender ein. Nutze für die Review die Fragen im entsprechenden Abschnitt im Kapitel *Der grundlegende Flow: Die fünf plus eins Schritte zur effektiven Umsetzung*. Ideal wäre, wenn deine Review in einer Zeit stattfindet, in der du nicht die Verantwortung für dein Kind hast, sodass keine Unterbrechungen drohen.

5. **Starte**

   Fange an, selbst wenn du dich noch nicht vollständig bereit fühlst. Denn du wirst vermutlich nie 100 Prozent bereit sein. Du lernst die Kopf-frei-Methode, indem du sie anwendest. Also probiere es aus, starte und fang einfach an. Du kannst während der Reviews immer wieder Anpassungen vornehmen.

Lieber unperfekt starten als perfekt warten!

6. **Reflektiere und passe an**

   Nutze die Review, um zu reflektieren: Wie lief meine letzte Woche? Was lief gut? Was möchte ich anders machen? Und dann verändere dein Vorgehen. Vielleicht musst du deine To-dos noch konkreter formulieren. Eventuell benötigst du eine zusätzliche Spalte, wie zum Beispiel die Irgendwann-vielleicht-Spalte. Dein Kopf-frei-Board darf immer wieder angepasst werden. Das ist die Magie der Methode: Du bist maximal flexibel und hast gleichzeitig eine feste Struktur, die dir Sicherheit gibt.

MEIN TIPP

Umsetzung ist Queen!

Jetzt, da du am Ende dieses Buches angelangt bist, ist es an der Zeit, das Gelernte in die Tat umzusetzen. Denn Wissen allein reicht nicht aus; es ist die Umsetzung, die den Unterschied macht. Beginne mit der Kopf-frei-Methode, und wenn du erst einmal losgelegt hast, klopf dir selbst auf die Schulter – du hast es verdient! Ich werfe dir eine Runde Konfetti zu. Hier endet es nicht. Mach weiter, wende die sechs Schritte an und passe die Methode kontinuierlich an dein Leben und deine Bedürfnisse an. Nur so wirst du sehen, wie die Kopf-frei-Methode wirklich Früchte trägt und dein Leben bereichert!

Und denk daran, das Ziel ist nicht, unendlich effizienter und leistungsfähiger zu werden. Es geht vielmehr darum, dir Zeit für die schönen Dinge des Lebens zu schaffen. Daher lade ich dich ein, neben deiner To-do- auch eine To-relax-Liste zu führen. Auf dieser Liste vermerkst du Dinge, die dir Freude bereiten, dich entspannen und das Leben lebenswert machen. Es kann so einfach sein wie ein Spaziergang im Park, ein entspannendes Bad oder Zeit mit deinen Liebsten zu verbringen.

GESTALTE DEINE TO-RELAX-LISTE: SOLO-ENTSPANNUNG UND SPASS MIT DEN KIDS

Eine To-relax-Liste ist eine Sammlung von Aktivitäten, die dir dabei helfen, zu entspannen und deine Batterien wieder aufzuladen. Es sind kleine Oasen im Alltag, die dich dabei unterstützen, den Stress abzubauen und die Freude am Leben zu erhöhen. Auf dieser Liste können sowohl Aktivitäten mit Kind als auch ohne stehen. Um mehr Fokus auf diese Aktivitäten zu lenken, kannst du dir wöchentlich oder täglich davon eine in dein Sammelbecken schmeißen. Hier sind Beispiele, die du auf deine To-relax-Liste setzen kannst:

Beispiele zum Relaxen ohne Kinder:

- Wellnesstag: ein Tag in einem Spa oder in einer Therme, um Körper und Geist zu entspannen
- Solo-Naturspaziergang: ein ruhiger Spaziergang allein in der Natur, um den Kopf freizukriegen
- Schmökern in einem Café: ein gutes Buch oder eine Zeitschrift lesen und dazu eine Tasse Kaffee in deinem Lieblingscafé genießen.
- Hobbys nachgehen: Zeit für ein Hobby, das du liebst, sei es Malen, Tanzen oder Schreiben
- Meditations- oder Yoga-Retreat: ein Tag oder Wochenende, um durch Meditation oder Yoga zur Ruhe zu kommen – oder auch einfach mal 20 Minuten von zu Hause aus

Beispiele für entspannende Zeit mit Kindern:

- Familienpicknick: ein entspanntes Picknick im Park oder am See mit Spiel und Spaß
- Gemeinsame Bastelzeit: etwas Schönes zusammen basteln, das Spaß macht und Kreativität fördert
- Naturerkundung: gemeinsam die Natur erkunden, beispielsweise durch eine Waldwanderung oder einen Besuch im Botanischen Garten
- Filmnachmittag: zusammen kuscheln und Familienfilme oder -serien anschauen
- Gemeinsames Backen oder Kochen: einfache Rezepte zusammen ausprobieren und genießen

LEBENSLEKTIONEN VON *BULLERBÜ* BIS *THIS IS US*: DEIN WEG ZUR KOPF-FREI-QUEEN

In diesem Buch habe ich ab und an Charaktere aus Filmen, Serien und Büchern herangezogen, um dir die Prinzipien der Kopf-frei-Methode näherzubringen. Jetzt, am Ende, fasse ich diese Inspirationsquellen noch einmal für dich zusammen:

Strebe in deinem Leben nach einem *Bullerbü*-Gefühl, auch wenn es sich oft mehr wie die *Krachmacherstraße* anfühlt. Nimm dir die Kopf-frei-Methode zu Hilfe, um dir trotz der täglichen Herausforderungen und des Chaos Momente der Ruhe und Ordnung zu schaffen. Sie ermöglicht dir, das hektische Treiben zu ordnen, Stress abzubauen und in deinem Alltag Freude und Gelassenheit zu finden. So bringst du ein Stück *Bullerbü* in deine eigene *Krachmacherstraße* und verwandelst Herausforderungen in Zufriedenheit und Glück.

Stelle dir das Denkarium aus *Harry Potter* vor, wenn du das Sammelbecken der Kopf-frei-Methode nutzt. Jeder Gedanke, jede Aufgabe, jede flüchtige Idee, die du in dein Sammelbecken legst, ist wie eine Erinnerung, die du im Denkarium speicherst. So befreist du deinen Geist und behältst den Überblick. Dein Sammelbecken wird zu einem klaren, strukturierten Ort, an dem du deine Gedanken und Aufgaben organisieren kannst. Es hilft dir, fokussiert zu bleiben und deine To-dos effektiver zu bewältigen – ein echter Gamechanger für deinen Alltag.

Nutze die Kopf-frei-Methode, um deinen Alltag bewusst zu gestalten und zu organisieren, so wie Molly Weasley aus *Harry Potter* es tun könnte. Trotz der täglichen Herausforderungen in Beruf und Familie kannst du Gelassenheit und Freude finden. Du brauchst keine Zauberkraft, um dir einen entspannteren Alltag zu kreieren – mit den richtigen Methoden und Werkzeugen kannst du dies selbst erreichen.

Ich wünsche dir mehr *Hakuna Matata* in deinem Leben. Mehr da zu sein, wo deine Füße sind, um dich auf das zu konzentrieren, was jetzt ist und was dir jetzt gerade in deinem Leben gefällt.

Sei ein bisschen wie Donna Paulsen aus *Suits*: Denk den nächsten Schritt mit, habe Freude am Organisieren und etabliere den Glaubenssatz »Es ist durch agiles Selbstmanagement mit klarer Priorisierung möglich, unter Druck leistungsfähig zu sein«. Und denk dran: Wir wollen nicht komplett so sein wie Donna. Ihren Perfektionismus und das Aufgeben ihres Privatlebens wollen wir nicht übernehmen.

Stell dir vor, du bist wie die Pearsons aus der Serie *This is us*, mit deinem ganz eigenen Nordstern, den es zu entdecken und zu verfolgen gilt. Deine Träume und Ziele sind nicht nur eine Liste von To-dos, sondern die Wegweiser deines Lebens. Mit der Kopf-frei-Methode kannst du deinen Alltag so gestalten, dass er dich deinem persönlichen Nordstern Stück für Stück näherbringt. Lass dich inspirieren, deinen Weg zu finden und zu gehen, um ein erfülltes und ausgeglichenes Leben zu führen, genau wie die Charaktere in *This is us*.

BLEIB VERBUNDEN UND INSPIRIERT

Manchmal kann es eine Herausforderung sein, die Kopf-frei-Methode alleine umzusetzen. Als Unterstützung und Vertiefung biete ich regelmäßig den Onlinekurs *Mission: Kopf-frei! Wie du mehr erledigst und weniger machst!* an. Hier lernst du, die Kopf-frei-Methode effektiv umzusetzen und fest in deinem Alltag zu integrieren. Auch gibt es die Möglichkeit, mir direkt Fragen zu stellen. Weitere Informationen findest du unter *www.carolinhabekost.de/mission-kopf-frei-onlinekurs* und einen speziellen Rabatt für Buchleserinnen bekommst du unter *www.carolinhabekost.de/kopf-frei-buch*.

Dieses Buch ist auch mithilfe der Kopf-frei-Methode entstanden. Sowohl bei mir als auch im Laufe der Zusammenarbeit mit den Lektorinnen. Ohne diese Methode wäre es für mich nie so im Flow gegangen und möglich gewesen, parallel zum Familienalltag und meinem Onlinebusiness ein Buch zu schreiben.

Ich wünsche dir viel Erfolg und Freude auf deiner Reise zu einem erfüllten Leben mit Familie und Beruf. Eine gelingende Vereinbarkeit ist kein Ziel, das du einmal erreicht hast. Es ist eine Reise, auf der immer wieder neue Herausforderungen kommen. Mit der Kopf-frei-Methode hast du ein super Tool, um alle To-dos auf dieser Reise im Griff zu haben. Du hast es verdient, sowohl effizient als auch entspannt zu sein. Genieße jeden Moment!

Du kannst. Ende der Geschichte

»Du kannst« – diese Worte klingen vielleicht einfach, und sie bergen eine tiefe Wahrheit. Sie sind eine Erinnerung daran, dass du als (berufstätige) Mama, als Elternteil die Fähigkeit besitzt, die Kontrolle über deinen Alltag zu übernehmen. Mit der Kopf-frei-Methode hast du nun ein Werkzeug, um deine To-dos zu managen und deine Ziele zu verfolgen. Du hast die Macht, deine Umstände zu verändern und dein Leben nach deinen Wünschen zu gestalten. »Du kannst« ist nicht nur ein Satz, es ist eine Bestätigung deiner Stärke und deines Potenzials. Also nimm dein Schicksal in die Hand und zeige der Welt, was in dir steckt.

Schade, dass das Buch nun zu Ende ist. Wir können uns wiedersehen. Ich lade dich ein, mir auf Instagram unter @carolin_von_mama_konzept zu folgen und mich im *Finde-dein-Mama-Konzept*-Podcast zu hören unter *www.carolinhabekost.de/podcast*. Viel Inspiration und gutes Gelingen auf deiner Kopf-frei-Reise!

Und denk dran: *Better done than perfect!*

MEINE EMPFEHLUNGEN ZUM WEITERLESEN UND -HÖREN

Die Psychologin und Paarcoach E-Lou Falkenberg hat mir und uns als Elternpaar wertvolle Stellschrauben gezeigt, um in eine faire Elternschaft zu kommen. Ich empfehle ihren Podcast »Gleich und Gleich gesellt sich gern« sowie ihr Buch »Faire Elternschaft. Mit gegenseitigem Verständnis zur gerechten Aufteilung«. Mehr zu ihrer Arbeit findest du unter *eloufalkenberg.com*.

Durch Patricia Cammarata habe ich Mental Load verstanden und geschlechtsspezifische Rollenmuster in meiner Partnerschaft erkannt. Ihre Bücher »Raus aus der Mental Lord Falle. Wie gerechte Arbeitsteilung in der Familie gelingt« und »Musterbruch. Überraschende Lösungen für wirkliche Gleichberechtigung« sind echte Gamechanger! Mehr zu ihr und ihrer Arbeitet findet du unter *dasnuf.de*

David Allen hat mit seinem Buch »Wie ich die Dinge geregelt kriege: Selbstmanagement für den Alltag« meine Sicht auf Selbstmanagement revolutioniert. Seine Methode *Getting*

Things Done erwähne ich daher auch im Buch. Zugleich finde ich sie im Familienalltag nicht immer ganz praxistauglich. Dennoch: ein wichtiger Baustein für mich!

Christopher End ist Therapeut, Coach und Autor. In seinem Podcast »Eltern-Gedöns. Leben mit Kindern« gibt er hilfreiche Impulse für das achtsame Elternsein. Schau mal bei *christopherend.de* vorbei. Er bietet Bücher, Kurse und 1:1 Begleitungen an.

In der Spotify-Liste »Interviews mit Carolin Habekost von *Finde dein Mama-Konzept*« findest du weitere Podcasts, in denen ich interviewt wurde. Hör dir diese gerne an und lass dich inspirieren.

www.carolinhabekost.de/interviews

Lebe erfüllt Familie & Beruf

Mehr Zeit, mehr To-dos im Griff

www.carolinhabekost.de/podcast

Inspiration für mehr „Hell yes" auf Instagram

@carolin_von_mama_konzept

Finde dein Mama-Konzept

Alles unter einen Hut kriegen mit meinen Online-Programmen &-Mentorings

%

Rabatte für dich als Buchleserin

Bonus-Inhalte zum Buch für 0€

www.carolinhabekost.de/kopf-frei-buch

In diesem Buch verwende ich überwiegend die weibliche Form, da die Mehrheit meiner Community aus Frauen besteht. Mein Ziel dabei ist, den Lese- und Verständnisfluss zu erleichtern. Ich betone an dieser Stelle, dass Menschen aller Geschlechter herzlich eingeladen sind, mein Buch zu lesen und die Kopf-frei-Methode für sich zu entdecken.
Der inklusive Sprachgebrauch ist mir wichtig, und ich hoffe, dass sich jede*r Leser*in angesprochen und willkommen fühlt, die vorgestellten Strategien und Techniken in den Alltag zu integrieren.
Alle im Buch genannten Marken und Programme sind unbezahlte und unbeauftragte Werbung.

MIX
Papier | Fördert gute Waldnutzung
FSC® C083411
FSC www.fsc.org

Penguin Random House Verlagsgruppe FSC® N001967

Redaktion: Dr. Daniela Gasteiger
Umschlaggestaltung: FAVORITBUERO, München
Umschlagmotiv: Shutterstock.com (Aeryn; BK_graphic; -strizh-)
Sketchnotes im Innenteil: Carolin Habekost
Satz: Uhl + Massopust, Aalen
Druck und Bindung: CPI books GmbH, Leck
Printed in the EU
ISBN 978-3-466-31228-6

www.koesel.de